루소, 한국 정치를 말하다

루소, 한국 정치를 말하다

낡은 정치와의 결별

양재호 지음

21세기북스

저자의 말

한국 근·현대사는 도전과 시련의 연속이었다. 구한말, 근대화의 좌절로 일제의 침략을 당해 그 식민지로 36년간의 노예 생활도 했다. 1945년 해방 이후 좌·우와 미·소간의 대립·내결로 한반도가 분단되었고, 아직까지 통일을 이루지 못하고 있다. 1950년 남·북간 전쟁을 치르는 비극을 겪었고, 전후 한국은 폐허 속에서 산업화와 민주화를 이루었다. 한국은 외형적으로 보면 물질적인 풍요가 있고, 대의 민주주의의 틀을 갖춘 나라가 되었다.

그러나, 오늘날 한국 사회의 실태는 어떤가? 출산율은 세계 꼴찌이고, 자살률은 세계 최고다. 국민의 행복지수는 바닥권이고, 공공 부분에 관한 국민의 신뢰 역시 마찬가지다. 한국 사회는 분열되어 있고 서로 믿지 못한다. 한국 사람은 경쟁에 찌들어 도대체 행복하지 못하다.

한국이 앓고 있는 이러한 중병의 원인은 무엇일까. 여러 가지가 있겠지만, 나는 정치의 낙후성이 가장 큰 원인이라고 생각한다. 정치가 정치인이나 파당의 정략적 이익이 아니라, 국민의 행복과 국익을 위하여 제대로 작동하지 못하고 있다. 혹자는 이러한 것이 정치인의 자질이 떨어지기 때문이라고 말하기도 하나, 나는 그보다 먼저 우리의 정치제도가 시대에 뒤떨어져 있기 때문이라고 본다. 왜냐하면, 정치인의 활동, 즉 정치는 정치제도의 틀 안에서 이루어지고 규정되기 때문이다. 한국의 헌정 체제는 1987년 민주화 이후 마련된 헌법(1987년 헌법)과 그에 기초한 정치제도로 구성되어 있다. 이러한 1987년의 헌정 체제는 소위 승자독식의 다수제 민주주의 유형으로서 정치의 양극화, 사회분열, 싸움판 정치 등의 악순환을 거듭하고 있어, 사회 각 분야의 발전에 큰 장애물이 되고 있다. 이제 1987년 헌정 체제를 한 단계 성장·성숙시켜서 대화·타협·합의의 합의제 민주주의로 발전시킬 때가 되었다.

이 책은 이러한 문제의식하에서 한국의 현행 헌정 체제(1987년 헌정 체제)를 구성하는 선거제도, 공천제도, 정당체계, 정부 형태(통치구조)를 어떤 내용으로 어떻게 개혁할 것인가에 관하여 평소의 생각을 정리하여 쓴 것이다.

내용의 골자는 이렇다.

선거제도는 현행 승자독식의 소선거구 단순다수대표제에서 비례성·대표성을 높이는 제도로,

공천제도는 현행 비민주적 하향식 공천에서 민주적인 상향식 공천의 법제화로,

정당체계는 정치 양극화를 낳는 현행 거대 양당제에서 정당 간 연합정치의 온건 다당제로,

정부형태(권력구조)는 현행 제왕적 대통령제에서 권력의 독점·독주를 막고 입법부와 행정부 간 협치가 이루어지는 정부형태로 개선(개혁)할 것을 제안하고 있다.

이 책은 학술용 서적이 아니고, 청장년 등 일반 시민의 독서용으로 쓴 것이다. 그래서, 주나 출처 등을 일일이 기재하지 않았고, 한 젊은이가 18세기 프랑스 정치철학자 루소와 대화를 나누는 것을 가상하여 가급적 쉽게 쓰려고 했다. 그러나, 다루는 주제 상

내용 중 주의를 집중하여서 읽어야 할 부분도 있을 것으로 본다. 요즘 남녀노소가 모두 하루하루 생업에 몰두하다 보니, 한국 정치가 국민의 불신을 넘어 혐오를 받는 상황에서, 이러한 주제의 책을 읽기가 쉽지 않을 것으로 보인다. 그러나, 다음 세대의 행복을 위하여, 정치의 틀, 즉 정치제도를 개선(개혁)해야 함은 절대적인 시대 요청이다. 모든 시민이 정치제도의 개혁에 관해 관심을 갖고, 이를 실현할 행동에 앞서기를 바란다.

대부분 정치인이나 정당은 자신들의 기득권 옹호를 위하여 개혁에 소극적이다. 생업에 바쁘더라도 일반 시민이 관심을 갖고 개혁에 앞장서야 한다. 이 책이 일반 시민의 정치제도 개혁 활동에 조그마한 도움이 되기를 진심으로 바란다.

집필 과정에서 많은 정치학자와 헌법학자의 저술로부터 큰 도움을 받았는데 감사를 드린다. 오류나 부족한 부분은 나의 책임으로 보완해가도록 할 것이다. 모두의 행복을 빈다.

2023. 6.

양재호

차례

2부 한 시민의 정치 에세이

낡은 정치의 종말
정당공천을 개혁하여 국민주권을 회복하자 203

1부

정치철학자 루소와의 대화

제1장 들어가며

한국 정치의 문제점과 개혁의 방향

김주권은 대학교에서 헌법과 한국 정치를 공부하는 20살 청년이다. 그는 한국 정치의 난맥상에 대하여 그 원인과 해결책을 탐구하던 중, 18세기 프랑스의 위대한 정치철학자 루소의 의견을 듣기 위하여 하늘나라에 있던 그를 지상의 한국으로 초대했다.

김주권   하늘나라에서 안식을 취하고 있을 텐데, 선생님께서 이렇게 와주셔서 감사합니다.

루　소　하늘나라에서 그동안 한국의 발전상에 대하여 잘 듣고 있었습니다. 그런데, 요즘 정치의 난맥상으로 한국 사회가 위기에 처해 있다고 듣게 되어서 안타까웠는데, 그 원인과 해결책에 관하여 묻는다면 성심껏 답변해드리겠습니다. 자, 그럼 시작할까요.

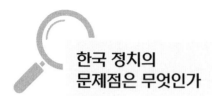

한국 정치의
문제점은 무엇인가

김주권   그럼, 한국 정치의 문제점은 무엇인가요?

루　소   가장 큰 문제는 주요 정당 간에 대화와 타협이 실종되고, 진흙탕 싸움, 극한 대결만이 남았다는 것입니다. 특히 현재 집권당인 국민의힘과 제1야당인 더불어민주당은 사생결단의 극단적인 싸움을 하고 있지요. 여기서, 더불어민주당이 169석이라는, 과반(150석)을 훌쩍 넘는 의석을 점유하여 입법부인 국회를 장악하고, 집권 여당인 국민의 힘의 윤석열 대통령이 행정부의 수반으로 행정권을 장악하고 있다 보니, 국회와 행정부 간의 협치는 고사하고 상호 발목잡기식의 비토 정치를 하고 있지요. 그러다 보니 국정운영의 효율성이 떨어지고, 그 피해는 국민이 모두 입고 있는 상태입니다. 한국 정치, 한국 민주주의의 위기이지요.

김주권 그 밖의 문제점은요?

루 소 한국 정치의 난맥상은 선거, 정당, 국가통치기구 등 복합적입니다. 차차 말씀드리지요.

김주권 그 원인은 무엇인가요?

루 소 정치가 잘못되었다면, 그 원인이 사람의 잘못이냐 아니면 제도가 잘못된 것이냐가 문제가 되고, 사람의 경우에도 국민(시민)의 잘못이냐 아니면 정치인의 잘못이냐가 문제 되지요. 저는 한국 정치는 구체적으로 제도에 문제가 있다고 봅니다. 왜냐하면, 사람은 제도의 틀 안에서 행위를 하기 때문이지요. 아무리 도덕적이고 유능한 사람이라도 잘못된 제도의 틀 안에서는 잘못된 행위를 할 수밖에 없지요. 또 사람의 문제는 짧은 시간에 고칠 수 없으나, 제도의 문제는 짧은 시간에 개선할 수 있습니다. 민주국가에서 주권자인 국민의 합의로 비교적 짧은 시간에 제도의 개선이 가능합니다.

김주권   잘 알겠습니다.

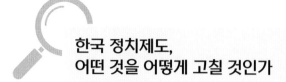

한국 정치제도,
어떤 것을 어떻게 고칠 것인가

김주권 한국의 정치를 정상화하려면, 정치제도의 어떤 것을 어떻게 고쳐야 할까요?

루 소 정치제도, 특히 민주주의 국가의 정치제도는 직접 민주 체제와 대의 민주 체제로 나뉘지요. 저는 본래 인민주권의 직접 민주 체제를 주장했으나, 현대국가는 고대 도시국가와 달리 넓은 영토와 많은 인구를 갖고 있으므로 기술적으로 대의 민주체계가 불가피하다고 볼 수밖에 없는데요. 대의 민주주의는 국민의 주기적인 선거를 통하여 대리인(대표)을 선출하면 뽑힌 대리인(대표)이 국민을 대리하여 정책을 결정하고 집행하는 등 국정을 운영하지요. 이 과정에서 정당이 핵심 역할을 합니다. 요컨대, 대의 민주국가에선 선거와 정당이 중요합니다.

김주권 그러면, 한국 정치에서는 어떠한가요?

루 소 한국 정치에서 선거제도, 정당제도, 입법부와 행정부 등 통치기구의 구성 등 전반에 대하여 문제점이 노정되고 있습니다. 이제 위와 같은 정치제도를 수술하여 업그레이드시킬 시점이 왔다고 봅니다.

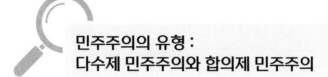

민주주의의 유형 :
다수제 민주주의와 합의제 민주주의

김주권 그럼 각 정치제도에 대하여 말씀을 듣기 전에, 민주주의 정치체계의 유형에 관하여 묻겠습니다. 민주주의에도 유형이 있나요?

루 소 정치 체제는 여러 가지 기준에 의하여 분류할 수 있습니다. 여기에서는 민주주의에 관해서만 말씀드리지요. 우선, 민주주의란 어떤 정치 체제일까요? 민주주의는 권위주의나 전체주의에 반대되는 정치 체제지요. 쉽게 말해서 민주국가는 한 개인이나 하나의 당이 독재하는 국가와 반대되는 것입니다. 민주주의는 어원에 의하여 알 수 있는 바와 같이, '국민이 지배하는 국가'지요. 미국의 링컨 대통령은 이를 '국민의, 국민에 의한, 국민을 위한 정치(정부)'라고 정의했습니다.

이러한 민주주의에는 앞에서 본 바와 같이 직접 민주주의와 대의 민주주의로 나뉩니다. 또 산업혁명으로 산업화가 본격화된 19세기 이후로는 자유에 좀 더 중점을 두는 자유민주주의와 평등에 좀 더 중점을 두는 사회민주주의로 나누기도 하나, 광의의 자유민주주의는 사회민주주의도 포함한다고 봅니다.

김주권 이 자리에선 대의 민주주의를 채택하고 있는 한국 정치에 대하여 논의하고 있으므로, 대의 민주주의를 중심으로 묻겠습니다. 요즘에 대의 민주주의를 다수제 민주주의와 합의제 민주주의로 나누고, 한국도 다수제 민주주의에서 합의제 민주주의로 이행해야 한다는 주장이 많습니다.

루　소　민주주의를 다수제 민주주의와 합의제 민주주의의 두 유형으로 나누고, 합의제 민주주의가 좀 더 성숙한 민주주의라고 한 사람은 세계적인 정치학자 레이파트입니다. 한국에서도 그의 저서『민주주의의 유형』이 번역·출간되었지요. 나의 저서『사회계약론』에 비견할 만큼 훌륭한 저서, 20세기의 사회계약론이라 할 만하지요.

김주권　레이파트의 주장을 구체적으로 말씀해 주시지요.

루　소　레이파트의 주장 내용을 한국의 헌법학자 양건 씨가 그의 헌법 책『헌법 강의』에서 잘 요약하고 있습니다. 좀 길지만 그만한 가치가 있으므로 그대로 인용해 드립니다.

김주권　예. 알겠습니다. 먼저 다수제 민주주의와 합의제 민주주의기 무엇인가? 개념을 말씀해 주시지요.

루　소　레이파트는 민주주의를 '국민에 의한, 국민을 위한 정부(government by and for the people)'라고 이해하는 기초적인 정의에서 출발하여, 이 정의가 제기하는 기본적인 물음을 제시합니다. 즉 국민의 의견이 불일치하고 다양한 선호를 갖는 경우에, 누가 통치하고 누구의 이익에 따라 통치할 것이냐는 것입니다. 이 물음에 관한 답으로 두 가지의 모델이 있습니다. 하나는 다수제 모델이고, 다른 하나는 합의제 모델입니다. 다수제 모델(majoritarian model)은 위의 물음에 관해 '국민의 다수'라고 답합니다. 이에 반하여 합의제 모델(consensus model)은 '가능한 많은 국민'이라고 답합니다. 합의제 모델은 다수결주의를 단지 최소한 요건으로 받아들일 뿐이며, 이에 만족하지 않고 이 다수의 크기를 최대화하려고 합니다. 다수결주의 모델은 정치권력을 단순한 다수의 손에 집중시키는 데 반하여, 합의제 모델은 권력을 여러 방식으로 공유하고 분산하며 제한하려고 합니다.

김주권   감사합니다. 두 모델을 구체적으로 비교해주시지요.

루 소   위의 어느 모델이냐에 따라 열 가지의 차이가 도출됩니다. 이 열 가지의 차이는 두 차원으로 나누어 묶어볼 수 있습니다.

첫 번째 차원은 '집행부-정당 차원(executives-parties

dimension)'입니다. 이 차원에서 다음 다섯 가지 차이점이 나타납니다(앞에 기술하는 것이 다수결주의의 속성이고, 뒤의 것이 합의제 모델의 속성입니다.).

① 집행권이 다수를 점한 단일 정당의 내각에 집중되는가, 아니면 광범한 다당 연립의 집행권 공유인가

② 집행부와 입법부의 관계에서 집행부가 우위인가, 아니면 양자의 권력 균형인가

③ 양당제인가, 아니면 다당제인가

④ 다수대표제 또는 비(非) 비례대표제의 선거제도인가, 아니면 비례대표제 선거제도인가

⑤ 여러 이익집단이 자유로운 경쟁을 벌이는 다원주의적 이익집단 체제인가, 아니면 타협과 협력을 목표로 하는 조정적이고 조합주의적인 이익집단 체계인가

두 번째 차원은 '연방적-단일적 차원(federal-unitary)'입니다. 이 자원에서 다음 다섯 가지 차이점이 나타납니다.

① 단일한 집중적 정부인가, 아니면 연방적이고 분권화된 정부인가

② 입법권이 일원(unicameral)에 집중되는가, 아니면 동등하게
　 강력하면서 다르게 구성되는 양원 간에 입법권이 분할되는가
③ 단순 다수결에 의해 헌법 개정이 이루어질 수 있는 연성헌법
　 인가, 아니면 특별 다수결에 의해 헌법 개정이 이루어질 수
　 있는 경성헌법인가
④ 입법의 합헌성에 관하여 입법부가 최종 결정권을 갖는 체제
　 인가, 아니면 대법원이나 헌법재판소에 의한 위헌법률심사
　 가 인정되는 체제인가
⑤ 중앙은행이 집행부에 의존하는가, 아니면 독립하는가

김주권　레이파트는 위 두 모델에 대하여 어떻게 평가하나요?

루　소　우선 민주주의의 두 모델을 표로 정리하여 비교하면, 다
　　　　　음과 같습니다.

항목＼모델	다수제 민주주의	합의제 민주주의
선거제도	소선거구 단순다수대표제	비례대표제
정당체계	양당제	다당제
행정부의 구성	단독정당 정부	복수정당 간의 연립정부
의회와 행정부의 관계	행정부 우위	양자의 균형
이익단체 정치	다원주의	조합주의
중앙과 지방 관계	단일국가제	연방국가제
의회의 구성	단원제	양원제
헌법 개정의 난이도	연성헌법(헌법 개정 쉬움)	경성헌법 (헌법 개정 어려움)
헌법재판	없음	있음
중앙은행 독립성	없음	있음

김주권　이처럼 두 모델의 이념형을 표로 정리하니 일목요연해서 알기가 쉽군요. 감사합니다. 두 모델에 관한 평가를 말씀해 주시지요.

루　소　레이파트는 이러한 모델에 따라 36개 민주주의 국가를 분석합니다. 순수하거나 순수에 가까운 다수제 국가는 실제로 매우 드물지요. 그 대표적 예는 영국, 과거 뉴질랜드, 과거 영국 식민지였던 카리브해 국가들입니다. 다수제 모델의 원형이라고 할 국가는 영국이기 때문에 이 모델을 웨스트민스터 모델(westminster model)이라고 부를 수 있습니다. 한편 대부분의 민주국가는 합의제 모델의 속성을 지닙니다. 그 대표적 예는 독일, 스위스, 벨기에, 유럽 연합 등입니다.

레이파트는 두 모델의 평가 기준으로 경제정책 결정의 효율성 및 민주주의의 질(質)이라는 두 기준을 설정하지요. 그의 분석에 의하면, 통치의 효율성 면에서 두 모델 사이에 큰 차이는 없으나, 민주주의 질 면에서는 합의제 모델이 전반적으로 상당히 높게 나타납니다. 이런 분석의 결과에 따라 레이파트는 민주화 과정의 국가나 신생 민주주의 국가에 관해 합의제 모델을 취할 것을 강력하게 권하고 있습니다.

김주권 대철학자께서 그대로 인용해주시니 감사합니다. 결국 레이파트는 현대 민주국가는 다수제 민주주의와 합의제 민주주의로 나뉘는데, 후자가 전자보다 성숙하고 발전된 민주주의이므로 전자의 체제를 취하고 있는 국가는 후자의 체제로 이행하여 민주주의를 업그레이드하라고 권장하는군요. 이러한 권고는 한국에도 해당하나요?

루 소 당연하지요. 한국은 시민들의 민주화운동 노력으로 특히 1987년 6월 전 국민적인 민주 항쟁으로 현재의 헌법, 즉 1987년 헌정 체제를 갖게 되었고, 그 뒤 여·야 정당 간 평화적 정권교체가 이루어지는 등 군부독재 국가에서 민주주의 국가로 이행된 것은 세계적으로 인정 받고 있습니다. 그러나, 그 후 30여 년이 지난 요즘, 앞에서 말한 바와 같이, 한국 정치는 국민과 나라가 두 쪽으로 분열될 정도로 정서적·정치적 내란 상태에 준하는 정치적 위기를 겪고 있습니다. 이제 이를 극복하기 위한 역사적 전환기, 곧 레이파트 식으로 말하면 현재의 다수제 민주주의에서 합의제 민주주의로 이행해야 할 시점입니다. 모든 정치인과 시민들께서 유념했으면 합니다.

김주권 알겠습니다. 감사합니다. 이에 관하여 좀 더 하실 말씀이 있나요?

루 소 한국의 정치학자 선학태 교수는 레이파트의 주장을 수용하여, 현재 민주국가의 헌정 체제를 다수제 헌정 체제와 합의제 헌정 체제로 나누고 위 헌정 체제를 다시 3개의 헌정 체제로 나누어서 총 6개의 헌정 체제로 분류하고

있습니다. 이것도 한국 정치의 개선에 도움이 되므로 말
씀드립니다.

김주권   예. 계속 말씀하시지요. 우선 헌정 체제라는 말이 어려운
데요.

루 소   쉽게 말하면, 헌정 체제는 헌법과 정치제도를 합한 용어
라고 이해하면 되겠습니다. 헌정 체제의 구성 요소로서
첫째, 선거제도, 둘째, 정당 체제, 셋째, 정부형태(권력구
조)를 꼽고 있습니다.

김주권   선학태 교수의 견해를 말씀해 주시지요.

루 소   선학태 교수의 주장을 그가 정리한 도표를 약간 수정해
서 제시하면 다음과 같습니다.

다수제 헌정 체제				합의제 헌정 체제				
선거제도	정당 체제	정부형태	사례		선거제도	정당 체제	정부형태	사례
1 단순다수 대표제	양당제	대통령제	미국	2	비례 대표제	다당제 (연합정치)	대통령제	브라질
3 단순다수 대표제	양당제	의원 내각제	영국	4	비례 대표제	다당제 (연합정치)	의원 내각제	독일
5 단순다수 대표제	양당제	이원 정부제		6	비례 대표제	다당제 (연합정치)	이원 정부제	핀란드

김주권 좀 어려운데요.

루 소 차차 하나씩 설명하겠습니다. 요점을 먼저 말하자면, 선학태 교수는 다수제 헌정 체제보다 합의제 헌정 체제가 좀 더 성숙한 헌정 체제이고, 한국의 현재 헌정 체제는 다수제 헌정 체제 중 미국형과 같은데, 앞으로 합의제 헌정 체제 그중에서도 독일형으로 이행할 것을 권고하고 있습니다. 이렇게 헌정 체제가 바뀌면 한국은 서구 복지 국가처럼 정치, 경제, 사회 등 모든 면에서 경쟁 과열의 살벌한 사회, 국민의 행복지수가 낮은 사회에서 포용과 통합 그리고 상생의 좀 더 행복한 사회로 발전할 것으로 말하고 있습니다. 충분히 경청할 이야기입니다.

김주권 그럼, 총괄적인 이야기는 마치고 한국의 각 정치 제도별로 말씀을 듣겠습니다. 앞으로 선거제도, 정당체계, 공천제도, 정부형태(권력구조) 순서로 묻겠습니다.

루 소 알겠습니다. 잠시 커피 한 잔 들며 쉬도록 하지요.

제2장　　선거제도의 개혁

선거의 비례성과 대표성을 높이자

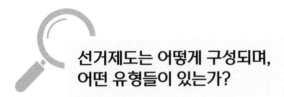

선거제도는 어떻게 구성되며, 어떤 유형들이 있는가?

김주권 이제 선거제도에 대하여 말씀해 주시겠습니까?

루 소 대의 민주주의에서 선거의 중요성은 누구나 알 것입니다, 선거는 정당과 함께 민주주의의 기본 인프라입니다. 국민은 주기적인 선거를 통하여 의회 등 정부를 구성하고, 또 심판·교체하기도 합니다.

  우선 선거제도를 구성하는 세 요소가 있습니다.

첫째, 선거구의 크기입니다. 한 선거구에서 몇 명을 뽑느냐의 문제지요. 1인 선출의 선거구, 2인 이상의 다인 선출의 선거구가 있고, 후자는 2~5인을 뽑는 중선거구, 6인 이상을 뽑는 대선거구가 있습니다. 일반적으로 선거구의 크기가 클수록, 즉 한 선거구에서 많은 사람을 대표자로 뽑을수록 비례성이 높아진다고 알려졌습니다. 다만 대표자와 유권자의 관계가 소원해지는 등의 여러 문제점이 있습니다.

둘째, 당선자 결정 방식입니다. 당선자를 어떻게 결정하느냐의 문제이지요. 가장 많은 표를 얻은 후보가 당선되고 나머지 후보는 최고 득표자보다 불과 1표가 적더라도 모두 낙선 처리되는 다수대표제, 각 정당이 득표수에 비례하여 의석 수를 할당받는 비례대표제, 다수대표제와 비례대표제가 혼합된 혼합대표제가 있습니다. 요즘에는 민주주의 국가에서 비례성이 높은 제도를 채택하는 국가가 늘고 있는 것이 추세입니다.

셋째, 투표 방식(기표 방식)입니다. 투표 시 투표용지에 기표할 때 지지하는 후보 개인을 찍느냐, 아니면 정당을 찍느냐의 문제 등 있습니다.

선거제도는 위에서 본 3가지 요소를 어떻게 조합하느

냐에 따라 다양한 유형이 있습니다.

김주권 구체적으로 선거제도의 유형 또는 종류에 관해서 말씀해 주시지요.

루 소 알기 쉽게 표로 정리하면 다음과 같습니다.

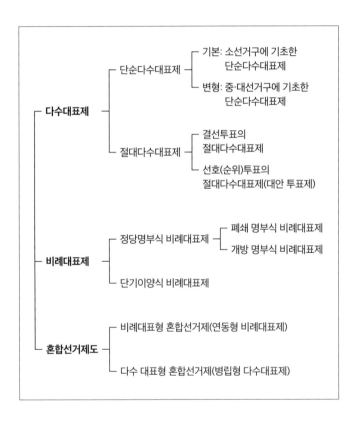

혹은 다음과 같이 정리할 수 있습니다.

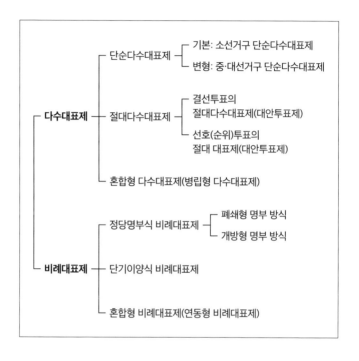

두 번째 표는 혼합선거제도 중, 다수대표제(소선거구 단순다수대표제)를 기초로 하여서 비례내표세를 가미한 것인 혼합형 다수대표제(병립형 다수대표제)는 다수대표제에, 비례대표제를 기초로 하여 다수대표제(소선거구 단순다수대표제)를 가미한 것인 혼합형 비례대표제(연동형 비례대표제)는 비례대표제에 각각 귀속시킨 것입니다.

처음 보는 분들에게는 좀 복잡하고 어렵게 생각될 것이나, 제가 말씀드리는 취지에서 보자면, 소선거구에 기초한 단순다수대표제와 혼합형 비례대표제(연동형 비례대표제)가 중요하므로 이것에 집중하면 되겠습니다.

그리고 첫 번째 표를 기초로 설명하겠습니다. 두 번째 표는 참고용으로 생각하면 되겠습니다.

다수대표제는
어떤 선거제도인가?

김주권   다수대표제부터 설명해 주시지요.

루 소   다수대표제의 본질적인 특징은 한 표라도 더 득표하면
당선된다는 것입니다. 이러한 다수대표제에도 여러 가
지 유형이 있음은 앞에서 말씀드렸습니다. 여러 유형 중
에서 가장 보편적인 제도, 즉 1인 선출 선거구(소선거구)에
기초한 단순 다수대표제를 먼저 설명합니다. 이는 한 선

거구에서 1명을 뽑는데, 가장 많은 득표를 한 사람이 당
선되는 제도입니다. 두 번째 득표자보다 불과 1표라도 더
받으면 그 사람이 당선됩니다. 현재 한국의 지역구 국회
의원선거나 대통령선거를 생각해보면 됩니다.

김주권 1인 선출 선거구(소선거구)에 기초한 단순다수대표제(한국
에선 줄여서 보통 소선거구제라고 함)에 관해서 더 말씀해 주
시지요.

루 소 1인 선출 선거구(소선거구)에 기초한 단순다수대표제의
장점은 유권자가 투표하기 쉽고 선거 관리가 단순하지
만, 단점도 있습니다. 예를 들어보겠습니다.

　유권자가 100명인 선거구에서 1명만을 당선자로 뽑는
다고 봅시다. 갑이 35표, 을이 34표, 병이 20표, 정이 11표
를 얻었습니다. 이때 갑이 35표로 최다 득표자가 되었
으므로 당선이 됩니다. 그러면 을은 34표로 불과 1표가
적지만 낙선됩니다. 임기가 4년이라면 2년짜리 국회의
원을 시켜주는 것도 아닙니다. 완전히 1등, 즉 승자독식
의 선거제도이지요. 그리고, 갑이 득표한 35표를 제외한
65표(100표-35표)는 모두 죽은 표, 즉 사표가 되지요. 대량

의 사표가 발생합니다. 65명의 유권자는 자신을 대표하는 당선자를 배출하지 못하고 대표 사각지대에 처하게 됩니다. 또 평등의 원칙에서 보면, 100명의 유권자가 1명의 대표자를 뽑으므로 '$\frac{1}{100}$의 투표 가치'를 평등하게 가져야 하는데, 65명의 유권자는 한 명의 대표자도 뽑지 못하므로 '제로(0)의 투표 가치'를 가져서 대단히 불평등하고 불공정한 결과가 생기지요. 그리고, 갑은 100명 중 불과 35명의 지지로 당선되었으므로 대표성에도 문제가 있습니다.

이런 결점이 있기 때문에, 요즘 한국에서 이러한 선거제도를 개선하여서 비례성과 대표성을 강화하자는 여론이 끓고 있지요.

김주권 선거제도에서 비례성은 무슨 의미인가요.

루 소 쉽게 말하면, 각 정당의 득표율과 의석률이 비례합니다. 즉, 각 정당이 그 득표수에 비례하여 의석 수를 할당받게 된다는 것입니다. 예를 들어, 유권자가 1,000명이고, 총 의석 수가 10석인 나라의 경우, A 정당이 500표, B 정당이 300표, C 정당이 200표씩을 각 득표하였다면, A 정당이 차지한 의석은 5석($10석 \times \frac{500}{1000}$), B 정당의 의석 수는 3석 ($10석 \times \frac{300}{1000}$), C 정당의 의석 수는 2석($10석 \times \frac{200}{1000}$)이 됩니다. 이것이 비례성이 높은 제도이고, 흔히 이를 구현한 선거 제도를 비례대표제라고 합니다. 이것이 공정하고, 평등 투표의 원칙에도 부합하는 민주적인 선거 방식입니다.

김주권　그럼 1인 선출 선거구(소선거구)에 기초한 단순다수대표 제는 비례성이 떨어진다는 말씀인가요.

루　소　아주 많이 떨어집니다. 예를 들어보겠습니다. 어느 국가 의 경우 유권자가 1,000명인데, 1인 선출 선거구(소선거 구)가 10개입니다. 각 선거구의 유권자는 100명씩입니다. A 정당, B 정당, C 정당, D 정당이 있습니다. 선거 결과는 아래 표와 같이 나왔습니다.

선거구 \ 정당	A 정당	B 정당	C 정당	D 정당	결과
1	35표	30표	20표	15표	A당 후보 당선
2	37표	33표	19표	11표	A당 후보 당선
3	33표	36표	20표	11표	B당 후보 당선
4	40표	37표	10표	13표	A당 후보 당선
5	41표	36표	10표	13표	A당 후보 당선
6	33표	35표	30표	2표	B당 후보 당선
7	39표	35표	20표	6표	A당 후보 당선
8	30표	36표	19표	15표	B당 후보 당선
9	38표	34표	17표	11표	A당 후보 당선
10	34표	38표	15표	13표	B당 후보 당선
총득표	360표	350표	180표	110표	

선거 결과는

A 정당: 360표 득표, 6명 당선

B 정당: 350표 득표, 4명 당선

C 정당: 180표 득표, 당선자 없음

D 정당: 110표 득표, 딩선자 없음

결국 A 정당은 $\frac{36}{100}$의 득표율로 $\frac{60}{100}$의 당선자 점유율을, B 정당은 $\frac{35}{100}$의 득표율로 $\frac{40}{100}$의 당선자 점유율을, C 정당은 $\frac{18}{100}$의 득표율로 0의 당선자 점유율을, D 정당은 $\frac{11}{100}$의 득표율로 0의 당선자 점유율을 각각 기록했습니다.

A 정당과 B 정당은 득표율에 비하여 과도하게 많은 당선자를 내었고, C 정당, D 정당은 상당한 득표에도 불구하고 한 명도 당선자를 내지 못하고 있습니다.

더구나, 선거 결과 A 정당과 B 정당이 각 6석, 4석의 의석을 차지하고 다른 정당은 의회에 진출하지 못함으로써 양당제의 정당 체제(정당구조)를 갖게 되었습니다. A 정당, B 정당은 의회 내에서 대화와 타협을 무시한 채 싸우기에 여념이 없습니다. 싸움판 의회가 됩니다. A 정당은 과반의석을 차지함으로써 모든 법안을 자기들 뜻대로만 처리하려고 하고, B 정당은 이를 저지하기 위하여 적극 투쟁합니다. 양 정당을 중재할 정당도 없습니다. 이것이 1인 선출 선거구(소선거구)에 기초한 단순다수대표제가 야기하는 큰 문제입니다. 요약하면, 이 선거제도는 승자독식의 편향된 제도로서 민주성의 원칙에 반할 뿐만 아니라, 정치의 양극화를 초래하여 국정운영의 안정성·효율성도 저해하게 됩니다.

김주권 잘 알겠습니다. 그럼, 다음으로 1인 선출 선거구(소선거구)에 기초한 단순다수대표제의 변형인 다인 선출 선거구

(중·대선거구)에 기초한 단순다수대표제에 관해 설명해 주시지요.

루 소 다인 선출 선거구, 즉 중·대선거구에 기초한 단순다수대표제도 여러 가지가 있습니다. 여기에선 현재 한국에서 논의되고 있는 중·대선거구 중 유권자에게 투표 시 1표만 허용되고 있는 선거제도에 대하여 말씀드리겠습니다.

이 선거제도는 예컨대, 한국의 4·5공화국(박정희의 유신 체제, 전두환의 5공 체제)에서, 소위 '중선거구제도'라는 이름 아래 한 개 선거구에서 2명의 의원을 선출했습니다. 득표율과 관계없이 가장 많은 표를 얻은 후보와 두 번째로 많은 표를 얻은 후보가 당선되는 것으로 했는데, 당시 선거제도는 2인 선거구에 단순다수대표제를 결합한 제도라 하겠습니다. 이는 군부의 집권여당 후보와 제1야당이나 관제 야당의 후보가 1, 2등의 득표로 동반 당선되고, 나머지 정당의 후보는 득표와 관계없이 모두 낙선되는 것이지요. 여기서 집권여당은 유신체제 하에선 지역구 당선자와 별도로 국회의원 $\frac{1}{3}$을 대통령이 임명하여(소위 유정회라고 하였음), 집권여당이 국회 의석의 절대다수를 점유하였고, 5공 때에는 지역구 당선자와 별도로 집권여당이 전국구 의원의 절대다수를 집권여당이 차지하도록 하여서, 집권여당과 대통령이 국회를 장악하였습니다. 이것이 군부독재 시대의 국회의원선거제도라 하겠습니다. 이때 대통령은 국민의 직접선거가 아니라, 통일주체국민회의나 대통령선거인단을 구성하여 간접선거로 선출하는 등 민주주의와 거리가 멀었지요. 소위 체육관 선거로 군부독재를 정당화하였지요.

김주권 알겠습니다. 한국의 독재정권 하에서 중·대선거구제가 남용되어 독재에 이용되었군요. 그럼, 외국 사례로서 일본이 중·대선거구제의 대표적인 나라였는데, 일본의 선거제도에 관해 설명해 주시지요.

루 소 일본의 선거제도 특히 중·대선거구제의 문제점과 그 개선 과정에 관해서 한국의 심지연·김민전 교수의 『한국 정치제도의 진화경로』란 책에 잘 정리되어 있습니다. 이를 기초로 말씀드리지요.

김주권 우선 일본에서 선거제도의 개혁이 추진된 배경에 관해서 말씀해 주시지요.

루 소 전후 일본 정치의 가장 큰 특징 중 하나는 1955년 자유당과 민주당이 합당해 자유민주당을 창당한 이래 40여 년간 일당 우위 체제를 유지해왔다는 것입니다. 자민당은 1993년 7월 총선에서 정권을 내주게 되기 전까지 한 번의 예외도 없이 계속해서 원내 과반수 의석을 확보하는 데 성공했고, 그 결과 한 번의 정권교체도 없이 장기 집권을 할 수 있었습니다.

이렇게 자민당이 일당 지배를 지속할 수 있었던 것은 무엇보다도 두 자리 숫자의 경제성장을 유지함에 따라 정권에 관한 유권자의 불만이 크지 않았다는 점이 큰 요인이었습니다. 그러나 일당 지배 기간이 길어질수록 일당 지배의 병폐가 깊어지게 되었는데, 바로 계파정치와 정치 부패였습니다.

의원내각제인 일본에서 자민당이 과반수 이상 의석을 계속해서 확보했다는 것은 곧 자민당의 총재는 자동으로 수상이 된다는 것을 의미하는 섯이었지요. 이에 따라 수상 선출보다 자민당 총재 선출이 정치적으로 더 중요한 의미를 갖게 되었습니다. 이는 당내에서 벌어지는 계파 간 경합이 정당 간 경쟁보다 정치적으로 더 중요했다는 것을 뜻하는 것이지요. 따라서 중진 의원들은 자신을 추종하는 계파를 만들어 세를 확장하고자 했는데, 계파를 관리하기 위해 계파 의원들에게 정치자금이나 당직, 관직을 제공했습니다.

이러한 계파 보스와 추종 의원 간의 후견주의는 록히드, 리쿠르트, 사가와 스캔들 같은 대형 스캔들의 원인이 되었고, 종국에는 자민당의 주요 인사 중 부패 스캔들과 무관한 인물이 없을 지경에 이르게 되었습니다.

결국 계파정치와 정치 부패가 일본 정치의 가장 큰 병폐이며, 이는 중선거구 선거제도와 상당한 연관성이 있다는 데 국민적 합의가 이루어지게 되었습니다. 한 선거구에서 여러 명의 의원을 선출하는 중선거구에서는 동일 정당의 후보가 서로 경쟁하게 됨에 따라 선거는 필연적으로 정당 간 경쟁이 아니라 인물 간 경쟁이 되기 때문에 정책보다는 인물 중심의 선거가 되기 쉽다는 것이었지요. 특히 같은 당 소속 후보가 서로 경쟁하게 되기 때문에 당내 계파화가 촉진된다는 것이었습니다. 이에 따라 정권교체가 가능한 정당 체제, 정책 중심의 정당, 투명한 정치자금이 정치개혁의 이상으로 등장하게 되었지요.

김주권　일본에서 어떻게 선거제도의 개혁이 추진되었는지 그 과정에 대하여 말씀해 주시지요.

루 소 구체적으로 정치개혁의 과정을 살펴보지요. 1992년 하타와 오자와가 중심이 되어 자민당에서 신진당이 분당하게 되는데, 이것이 정권교체의 서곡이 되었습니다. 1993년 총선에서 자민당은 여전히 가장 많은 의석을 얻었지만, 과반수 의석을 획득하는 데는 실패했습니다. 이에 따라 자민당을 제외한 7개 정당이 연정을 구성하게 되었습니다.

연정에 참여한 7개 정당은 이념과 정책, 정당의 역사와 규모 면에서 매우 달랐지만, 자민당 1당 지배를 종식해야 한다는 동일한 목적을 가지고 있었기 때문에 연립정부를 구성할 수 있었습니다. 연립정부 수상으로 선출된 호소카와는 1993년 9월 ①소선거구 최다 득표제와 비례대표제를 혼합한 선거제도, ②정치자금에 관한 규제 강화, ③정당에 판한 국고시원, ④선서구획정위원회 설치 등을 주 내용으로 하는 개혁법안을 제출했고, 1994년 1월 29일 총 4건의 정치개혁 관련 법안이 의회를 통과했습니다.

4건의 정치개혁 관련 법안 중 선거제도에 관해 보면,

하원인 중의원 의원 선출에는 소선거구 최다 득표제와 권역별 비례대표제 두 축으로 구성된 혼합형 선거제도를 채택했지요. 1인 2표제가 도입되어 유권자는 한 표는 1인 선거구에서 직접 의원을 선출하는 데 투표하고, 다른 한 표는 정당명부에 투표하도록 했습니다.

특히 일본의 선거제도에서 주목할 것은 소선거구의 후보가 되는 동시에 권역별 비례대표제 명부의 후보가 되는 것을 인정하고 있다는 것입니다. 그뿐만 아니라 권역별 명부에는 동일 순위에 다수의 후보를 등재하는 것도 허용하고 있는데, 이때는 소선거구에서 다수 득표한 의원에게 우선순위를 주는 석패율이 적용되도록 했습니다.

김주권   고맙습니다. 한국의 선거제도개혁에 관해서 상당히 교훈을 주는 것 같습니다. 특히 일본의 사례를 보면, 중·대선거구제는 계파정치와 정치 부패를 극심케 하므로 민주주의 국가에서 함부로 채택할 제도가 아닌 것으로 보입니다.

그럼, 1인 선거구에 기초한 다수대표제 중 절대다수대표제에 관해서 말씀해 주시지요.

루 소　단순다수대표제에서 상당히 많이 득표했음에도 1등 후보보다 1표라도 적으면 낙선하고, 반면에 득표가 얼마 되지 않았는데도 2등 후보보다 1표라도 더 많이 득표하면 당선이 됩니다. 특히 문제가 되는 것은 아주 낮은 득표로 당선된 경우인데, 이때 대표성이 문제가 됩니다. 그를 지지하는 유권자보다 훨씬 많은 수의 유권자가 그를 원하지 않는다고 볼 수 있기 때문입니다. 이러한 단순다수대표제의 문제점을 해결하기 위해서 고안된 것이 절대다수대표제입니다.

절대다수대표제에서는 한 선거구에서 한 명의 의원을 뽑는 점에서 단순다수대표제와 같으나, 당선되기 위해서는 총투표의 과반수 이상 득표를 해야 한다는 점에서 단순다수대표제와 다릅니다. 1차 투표에서 총투표의 과반수 이상을 득표한 후보가 없을 경우 2차 투표, 즉 결선투표를 하도록 되어 있기 때문에 결선투표제라고도 합니다.

김주권　절대다수제에는 위에서 말씀하신 결선투표제 이외에 선호(순위)투표제도 있는 것으로 알고 있습니다. 우선 절대다수제 중 결선투표제를 시행하는 대표적인 나라가 프랑

스로 알려졌는데, 프랑스 선거제도에 대하여 말씀해 주
시지요.

루 소   알겠습니다. 절대다수제는 1차 투표에서 과반수 이상의
득표자가 없는 경우 결선투표(2차 투표)에 나갈 수 있는
자격을 누구에게 주느냐에 따라서 크게 두 가지 형태로
나눌 수 있습니다.

먼저 프랑스 대통령선거에서 사용되고 있는 제도를 살
펴보지요. 유권자는 대통령 후보 가운데 자신이 원하는
후보에게 1표를 행사하며 그 결과 과반수 이상을 투표한
후보가 있으면 선거는 1차 투표에서 끝나게 됩니다. 그러
나, 과반수 이상을 투표한 후보가 없는 경우에는 최다 득
표를 한 1등 후보와 2등을 한 후보가 2차 투표, 즉 결선투
표에 들어가는데 보통 2주일 후에 실시됩니다.

두 번째 형태로 프랑스 의회 선거에서 사용되고 있는
제도를 봅니다. 역시 1차 투표에서 총투표의 과반수 이상
을 득표한 후보가 있으면 그가 당선되고 투표도 끝납니
다. 그러나, 과반수 이상 득표한 후보가 없으면 2차 투표,
즉 결선투표에 들어가게 되는데 2차 투표에 나갈 수 있
는 자격 기준이 대통령선거와 다릅니다. 2등 득표자뿐만

이 아니라 유권자 총수의 12.5% 이상을 득표하면 2차 투표에 나갈 수 있습니다. 그리고 2차 투표에서 가장 많이 득표한 후보가 당선됩니다.

절대다수제에서도 군소정당은 단순다수대표제와 마찬가지로 상당한 불이익을 감수해야 하며, 지역적으로 집중된 정당이 이득을 누리는 것으로 나타납니다. 그러나, 1차 투표가 끝난 후 협상에 들어가게 되며, 이에 따라 2차 투표에서는 연합공천을 하는 등 협상과 타협을 한다는 점에서 단순 다수제보다 군소정당에 우호적이며, 정당 간의 대화와 타협을 추진한다는 점에서 긍정적으로 평가하고 있습니다.

한국의 경우 1987년 민주화 이후 대통령 직선제가 실시되고 있는데, 프랑스식으로 결선투표제를 도입하자, 즉 1차에서 과반수 이상 득표자가 없으면 1등과 2등을 대상으로 2차 투표해서 과반수 이상의 득표자가 대통령이 되도록 하자는 주장이 있는 것으로 알고 있습니다. 대통령 당선인의 대표성을 강화하고, 정당 간 대화와 타협을 촉진하여 연합정치를 하자는 취지에서 많은 사람이 공감하고 있습니다.

김주권   절대다수대표제 중 순위(선호) 투표제는 어떤 것인가요?

루   소   쉽게 말해서, 유권자는 한번 투표하는데 이때 후보에게
1, 2, 3등 순위를 기재하게 하는 제도입니다. 그래서 1번
순위를 과반수 이상 얻은 후보가 있으면 그가 당선되고,
그러한 후보가 없으면 꼴찌 1번 순위 득표자를 탈락시켜
서 그에게 투표한 사람의 투표용지 중 2번 순위로 기재
된 후보들에게 표를 나눠주는데, 과반수 득표자가 나올
때까지 같은 과정을 반복하여서 당선자를 결정합니다.
이 제도를 실시하는 나라는 별로 없으며 호주의 하원의
원 선거에서 적용하고 있습니다.

김주권   알겠습니다. 지금까지 주로 1인 선거구, 즉 소선거구에서
기초한 다수대표제에 관해서 말씀해 주셨습니다. 결론은
승자독식의 소선거구 단순다수대표제는 문제가 많으므
로 개혁하여서 비례성과 대표성이 높은 선거제도로 바꾸
는 게 바람직하다는 취지로 보입니다.

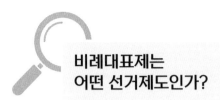

비례대표제는
어떤 선거제도인가?

김주권 이제 정당 득표에 비례하여 의석 수가 배정되는 선거제
도인 비례대표제에 관해서 말씀해 주시지요. 비례대표제
에는 정당명부식 비례대표제와 단기이양식 비례대표세
가 있다고 하는데, 후자의 경우에는 학자들이 선호하나,
아일랜드 등 극히 소수의 나라에서 채택된 것이고, 대부
분 국가는 정당명부식 비례대표제를 채택하고 있는 것으
로 알고 있습니다. 따라서, 선생님께서는 정당명부식 비

례대표제를 중심으로 말씀해 주시지요.

루 소 정당명부식 비례대표제는 일반적으로 다인 선거구에서
정당명부식 입후보방식을 취하고 있습니다. 1명을 뽑는
선거구에서 직접 의원을 뽑는 것이 아니고, 여러 명의 의
원을 뽑는 선거구에서 정당이 제시한 후보 명부를 통해
간접적으로 선출하는 것입니다. 영국과 프랑스 등을 제
외한 대부분의 서유럽과 남미, 아프리카, 동유럽 등에서
광범위하게 채택하고 있는 선거제도입니다.

이러한 비례대표제는 다양한 방식으로 운용되고 있습
니다.

첫째, 선거구의 크기, 즉 한 선거구에서 몇 명의 의원
을 뽑을 것인지

둘째, 정당후보 명부의 작성을 어떤 방식으로 하는 것
인지

셋째, 정당의 득표를 의석 수로 전환하는 계산을 어떤
방식으로 하느냐에 따라 다양한 유형이 만들어질 수 있
습니다.

김주권 그럼 먼저 선거구 크기에 대하여 말씀해 주시지요.

루 소 비례대표제를 채택하고 있는 나라는 크게 보면, 권역별로 의원을 뽑는 나라와 전국을 하나의 선거구로 하여 의원을 뽑는 나라로 나누어 볼 수 있습니다.

　권역별로 의원을 뽑는 나라는 전국을 몇 개의 권역으로 나누어서 의원을 뽑는데, 전국을 몇 개의 권역으로 나누고 한 권역에서 몇 명을 뽑을지는 그 나라의 특성에 따라 다릅니다. 한 가지 중요한 점은 선거구의 크기가 커지면, 즉 한 선거구에서 많은 의원을 뽑을수록 정당의 투표 수와 의석 수 간의 비례성은 증대하지만, 의원의 유권자에 관한 관심이 줄어드는 문제가 생깁니다. 이 양자의 조화가 중요합니다.

김주권 다음으로 정당후보 명부 작성 방식에 대하여 말씀해 주시지요.

루 소 비례대표제는 정당이 제공한 후보 명부에 투표한다는 점에서 소선거구에 기초한 다수대표제와 달리 간접적인 선거의 형태를 보입니다.

　이러한 정당명부는 몇 가지 유형으로 나뉩니다. 우선 폐쇄형 정당명부입니다. 정당이 후보와 그 순위를 정한 명부를 제출하면 유권자는 후보 개개인이 아니라 정당 자체에 투표합니다. 이러한 폐쇄형 명부는 정당이 여성이나 흑인 등에 관해 앞 순위를 주는 등 배려하기 쉬운 장점이 있으나, 유권자가 직접 명부 내 특정 후보를 선택할 수 없다는 점에서 비판받습니다. 특히 정당의 명부 작성, 즉 누가 어떤 순위로 후보가 되느냐의 결정을 당원이 아니라 당내 소수의 권력자가 하는 경우에 그 비민주적 성격으로 많은 비판을 받을 수 있습니다. 이때 권력자가 자신의 추종자나 많은 정치헌금을 하는 자산가를 공천하는 경우 그 폐단은 대단히 큽니다.

이 때문에 개방형 정당명부가 등장하였습니다. 유권자가 지지 정당의 명부 내 특정 후보를 직접 찍을 수 있습니다. 그러나 이는 개표 등 선거 관리가 복잡하게 되는 단점이 있습니다.

김주권 각 정당의 득표수를 의석 수로 전환하는 계산방식, 즉 당선자 결정 방식에 관해서 말씀해 주시지요.

루 소 비례대표제는 정당의 득표와 의석 수를 비례시킴으로써 대표성과 민주성을 강화하는 제도입니다. 가장 단순한 예를 들면, 유권자가 1,000명인 국가에 A, B, C, 세 정당이 있고, 총의석 수는 100석이라고 가정해 A 정당이 450표, B 정당이 350표, C 정당이 200표를 얻었습니다. A 정당은 45석($100석 \times \frac{450}{1000}$), B 정당이 35석($100석 \times \frac{350}{1000}$), C 정당은 20석($100석 \times \frac{200}{1000}$)입니다. 즉, 각 정당이 배분받는 의석 수는 총의석 수×득표율이 됩니다. 이 경우 실제에 있어선 각 정당의 득표율이 소수점 이하로 나오기 때문에 배분되는 의석 수도 소수점 이하로 나옵니다. 이때 단순히 4사5입을 하면 각 정당의 계산상 의석 수 합계가 의원 정수와 다르게 되는 문제가 있습니다. 이런 문제점을 해결하기 위하여 각 정당의 득표율에 비례하여 의석을 배분하는 계산방식에 대하여 크게 최고 평균 방식과 쿼터 방식(최대 잔여 방식이라고도 함)이 있고, 또 전자에는 동트 식과 생트-라게 식, 후자에도 단순 쿼터 방식, 수정 쿼터 방식 등의 복잡한 방식이 있습니다. 일반인으로선 이런 것이 있다는 정도만 알고 계시고, 비례대표세에서의 각 정당 의석 수의 기본적 계산방식, 즉 총의석 수×각 정당의 득표율 정도만 아시면 되겠습니다.

김주권 알겠습니다. 그 밖에 비례대표제에 대하여 유의할 사항은 무엇인가요?

루 소   비례대표제에는 봉쇄조항(문턱조항)이 있습니다. 이는 너무나 많은 군소정당이 의회에 진출함으로써 정당체계가 파편화되고 정당이 난립하는 것을 방지하기 위하여 일정 비율 이상 득표한 정당에 관해서만 의석을 배분받을 수 있는 자격을 주는 제도입니다. 선거법상 보통 1~5% 득표의 진입장벽이 설치되는데, 구체적인 비율은 나라마다 다릅니다.

김주권   감사합니다. 비례대표제가 무엇인지 이해가 되는군요. 다음에 혼합선거제도에 관해서 말씀해 주시지요.

혼합선거제도란 무엇인가?

루　소　다수대표제는 비례성과 대표성이 부족하다는 단점이 있고, 비례대표제는 의원의 유권자에 관한 대응성과 책임성이 부족하다는 단점이 있습니다.

　혼합선거제는 앞에서 본 제도의 단점을 완화하기 위하여, 바꿔 말하면 비례성과 대표성도 높이고 또 의원의 유권자에 관한 대응성과 책임성을 높이기 위하여 양 제도(다수대표제와 비례대표제)를 혼합한 선거제도입니다. 독일에서 2차 대전 이후에 처음 사용되었습니다.

김주권 혼합선거제의 특징에 관해서 말씀해 주시지요.

루 소 일반적으로 혼합선거제라고 하면, 선거제도가 2개의 축으로 이루어진 것을 말합니다. 한 축은 지역구에서 후보에 관한 직접 투표로 의원을 선출하고, 다른 한 축은 비례대표제를 통해 정당투표로 의원을 선출하는 것을 말합니다. 따라서 유권자는 자신이 거주하는 지역의 대표에 의해 대표되는 동시에, 보다 큰 차원에서는 자신이 지지하는 특정 정당에 소속된 대표에 의해 자신의 이익이 대표되는 게 특징입니다. 달리 말하자면, 선거에 있어서 비례성이 강화됨과 동시에 의원과 유권자 간의 관계가 밀접해지는 장점이 있습니다. 혼합형 선거제도에서 지역구는 대부분 1인 선출 선거구, 즉 소선거구를 채택하고 있습니다. 또 유권자는 지지하는 지역구 후보에게 1표, 지지하는 정당(명부)에 1표, 그래서 1인 2표의 투표를 하게 됩니다.

김주권 혼합선거제도에는 대표적으로 두 가지 종류가 있다고 알려져 있습니다. 비례대표제를 중심으로 하는(비례대표형) 방법과 다수대표제를 중심으로 하는(다수대표형) 방법이 그것입니다.

루　소　첫 번째 유형인 비례대표형 혼합선거제도는 현재 대표적으로 독일에서 사용되고 있는데, 소선거구 다수대표제와 비례대표제를 연동한 선거제도이므로 연동형 비례대표제라고 합니다. 두 번째 유형인 다수 대표형 혼합선거제도는 대표적으로 현재 일본에서 사용되고 있는데, 소선거구 다수대표제와 비례대표제를 병립하여 사용한다고 하여 병립형 다수대표제라고 합니다. 한국도 현재의 준연동형으로 바뀌기 전 오랫동안 병립형 선거제도를 채택하였습니다. 제가 볼 때는 연동형 비례대표제가 비례성이 더 높기 때문에 병립형 다수대표제보다 더 발전된 선거제도로 생각됩니다.

김주권　연동형 비례대표제에 관해서 자세히 말씀해 주시지요.

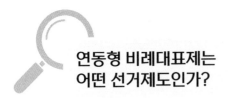

연동형 비례대표제는
어떤 선거제도인가?

루 소   앞에서 말씀드린 바와 같이, 연동형 비례대표제는 비례
대표제에 소선거구제를 연동한 혼합형 선거제도입니다.
이러한 연동형 비례대표제를 현재 사용하고 있는 대표적
인 나라가 독일이므로(따라서, 독일식 비례대표제라고도 함),
독일의 선거제도를 중심으로 설명하겠습니다.

김주권   예, 그렇게 해주시길 바랍니다. 현재 한국에서도 독일의 연동형 비례대표제를 도입하자는 논의가 많습니다.

루 소 우선 연동형 비례대표제의 당선자 결정 방식에 대하여 말씀드립니다. 이것이 기본적인 내용이므로 숙지할 필요가 있습니다. 우선 먼저 1단계로 유권자의 정당투표를 통하여 각 정당이 득표한 득표율에 비례하여 각 정당에 배분되는 의석 수를 계산합니다.

다음 단계로 위처럼 각 정당에 배분된 의석 수를 먼저 지역구 당선자로 채우고, 나머지 의석은 비례대표 의석, 즉 정당명부의 후보로 채웁니다. 위와 같은 시스템이므로 연동형 비례대표제는 기본적으로 정당의 득표율과 의석 수 간에 아주 높은 비례성이 유지될 수 있다는 장점이 있습니다. 또 위처럼 지역구(소선거구 다수대표제)와 연동되므로 각 지역구 의원과 유권자의 관계가 밀접하게 되는 것입니다.

위처럼 각 정당은 정당투표의 득표율로 의석 수를 배분받되, 유권자는 선거 때 정당투표 이외에 지역구(소선거구) 의원 투표를 하고, 정당은 배분받은 의석 수를 채울 때 먼저 지역구 당선자로 채운다는 의미에서 지역구(소선거구)와 연동되어 있다 해서 연동형이란 말을 사용합니다.

김주권 참고로 다수 대표형 혼합선거제 즉 병립형 다수대표제는
어떻게 당선자를 결정하나요?

루 소 양자를 비교하는 차원에서 (먼저) 설명해드립니다. 병립
형 다수대표제는 지역구와 비례대표의 의석 배정을 별개
의 것으로 합니다. 각 정당은 지역구에서 당선된 의석 외
에 정당투표에 의해서 득표한 득표율에 따라서 비례대
표 의석을 추가로 배정받게 됩니다. 즉, 각 정당의 의석
은 지역구 당선자+비례대표 의석이 됩니다. 위처럼 양자
가 병립되어 있기 때문에 병립형이라 불립니다. 어쨌든
병립형 혼합선거제도에서 비례대표제는 소선거구 다수
대표제의 낮은 비례성을 교정하는 부수적인 역할을 하고
있다고 볼 수 있습니다. 현재 일본이 채택하고 있습니다.
또 얼마 전까지 한국도 이 제도를 채택하였습니다.

김주권 참고로 이와 관련하여 한국은 어떠한지요?

루 소 한국은 과거엔 병립형 혼합선거제도를 사용하다가, 최

근엔 선거법을 개정하여 준연동형 혼합선거제로 변경하였는데, 주의할 것은 한국에선 비례대표 의석이 총 의석 300석 중 47석에 불과하여서 무늬만 준연동형 비례대표제이지 실질은 소선거구 단순다수대표제에 의하여 운용하고 있습니다. 기존 정당과 정치인들이 '눈 감고 아웅' 하는 식으로 눈속임하고 있지요. 이런 꼼수가 난무하는 것이 한국 정치제도의 큰 문제점입니다. 선거에서 실질적으로 비례성이 확보되도록, 선거법이 개정되는 게 절실합니다.

김주권 고맙습니다. 혼합형 선거제도 중 연동형 비례대표제를 사용하고 있는 독일의 선거제도에 관해서 자세히 설명해 주시지요.

루 소 독일은 16개 주로 구성된 연방국가입니다, 의회는 양원제인데, 상원은 각 주의 대표자로서 구성되어 주의 권익에 관련된 입법에만 관여하고, 하원은 국민의 대표로서 모든 입법을 하고, 연방 총리를 선임하는 등 일반 의회로서의 권한이 있습니다.

김주권　계속 말씀해 주시지요.

루　소　한국의 국회 격인 하원의 의원 정수는 최근 개정되기 전
까지 총 598명입니다. 기본 원리는 같으므로 편의상 개
정 전의 것으로 설명하겠습니다.

　하원 선거제도에 있어서 독일은 연동형 비례대표제
의 대표적인 국가입니다. 총 의석의 50%(299석)는 소선
거구 단순다수대표제로 지역구에서 선출하고, 나머지
50%(299석)는 정당명부의 비례대표 의원으로 선출합니
다. 정당명부는 전국 단위가 아니라 권역별, 즉 16개 주
별로 작성합니다.

　각 유권자는 지역구 후보에게 1표, 정당명부에 1표씩
투표합니다. 즉 1인 2표입니다.

　당선자 결정은, 이미 말씀드린 바와 같이 먼저 큰 틀에
서 각 정당에 그 득표율과 비례하여 의석 수를 배정합니
다. 그리고, 다음 단계로 각 정당에 배정된 의석을 먼저
지역구 당선자로 채우고 나머지 의석은 정당명부의 비례
대표로 채웁니다.

　이처럼 연동형 비례대표제는 먼저 큰 틀에서 각 정당
의 득표율에 비례하여 의석 수를 배정하기 때문에 본질

적으로 비례대표제이며 비례성·대표성이 높은 제도입니다.

김주권 연동형 비례대표제에서 초과의석이 문제 되던데, 초과의석이 무엇인가요?

루 소 예를 들어 유권자가 1,000명, 의원 정수가 100명인 나라가 있다고 가정해봅시다. A 정당이 300표를 얻어서 배정된 의석 수가 30석($100석 \times \frac{300}{1000}$)이 되었습니다. 그런데 A 정당의 지역구 당선자가 35명이나 되었다면, 35명을 모두 당선자로 인정할 수밖에 없습니다. 이 경우 A 정당의 득표율에 따른 배정 의원 수는 30명인데, 실제 당선자는 35명이 되어서 5명(35-30)이 초과합니다. 이 5석을 초과의석이라고 합니다. 결국 의원 수가 의원 정수를 초과하게 되지요.

김주권 이 초과의석이 왜 문제가 되나요?

루 소 득표율과 의석 점유율의 비례성이 그만큼 훼손되기 때문입니다, 그러나 이 초과의석의 문제를 어떻게 처리할 것이냐는 각 국가에서 결정할 문제입니다. 독일의 경우 기민당의 자매정당인 기사당이 바이에른주에서만 후보를 내고 바이에른주 의석의 대부분을 석권하고 있어 초과의석이 크게 발생하는 특수한 사정이 있습니다. 이로써 훼손된 비례성을 회복하기 위하여 보정 의석을 어느 정도까지 인정할 것인지가 중대한 정치적 문제가 됩니다. 그러나, 다른 나라의 경우 이런 특수 사정이 없고 초과의석이 심각히 비례성을 훼손하지 않는다면 보정 의석제도를 두지 않고 초과의석을 그대로 인정하는 게 좋다고 봅니다.

김주권 알겠습니다. 독일의 연동형 비례대표제와 관련하여 더 설명해 주시지요.

루 소 먼저 봉쇄조항(문턱조항)입니다. 독일에서 각 정당이 득표율에 비례하여 의석을 배정받으려면, 득표율이 5% 이상이거나 지역구 당선자가 3명 이상이어야 합니다, 이에 미달하는 정당은 의석을 배정받지 못합니다. 이를 봉쇄조항 혹은 최소조건이라고 하는데, 군소정당의 난립을 막아서 정치 안정을 이루려는 데 취지가 있습니다. 한

국의 선거제도에서도 이러한 봉쇄조항을 두었는데, 현재
이에 대하여 여러 논의가 있지만 독일의 봉쇄조항처럼
득표율 5% 이상이거나 지역구 당선자가 3명 이상인 정
당에만 의석을 배정하는 것으로 그 내용을 정하는 게 군
소정당 난립의 방지라는 제도의 취지에 비추어보아 합당
하다고 봅니다.

김주권 계속 말씀해 주시지요.

루 소 독일의 경우 극좌 정당, 극우 정당, 즉 반헌법적·반자유
민주주의 정당이 헌정 체제를 파괴한 우려가 있으므로
헌법재판소를 통하여 이러한 정당을 해산시키는 제도가
있습니다. 소위 방어적 민주주의를 위한 제도입니다.
　한국의 경우에도 헌법 제7조 제4항에 같은 취지의 제
도를 두고 있는데 계속 유지하는 게 좋습니다.

김주권 연동형 비례대표제가 정당 체제에 미치는 영향은 어떤
가요?

루 소 연동형 비례대표제는 위에서 본 바와 같이 기본적으로

비례대표제로서 비례성·대표성이 높은 선거제도입니다. 그러면서도 의원의 절반은 지역구에서 소선거구 단순다수대표제로 선출하기 때문에 인물선거의 경향을 강하게 보이게 되어서 인물 경쟁력에서 뛰어난 큰 정당, 독일의 경우 기민당과 사민당에 유리한 측면이 있습니다. 한국의 경우에도 현재 두 개의 큰 정당 즉 더불어민주당과 국민의힘도 이런 측면을 주목하여 연동형 비례대표제가 자신들에게 불리한 제도로만 잘못 알고 반대할 것은 아닙니다.

독일의 경우 비록 정당 체제가 비례대표제로 인한 다당제이나, 지역구 연동형이기 때문에 두 개의 큰 정당, 즉 기민당과 사민당이 높은 비율의 의석을 점유하여서 양당 중심적인 온건 다당제의 정당 체제를 갖게 되어 안정적인 정당정치가 이루어지고 있습니다. 따라서, 연동형 비례대표제는 본질적으로 비례대표제이므로 난쟁이 정당들이 난립하는 극단적 다당제가 되어 정치 불안정이 생기지 않을까 걱정하는 분들이 계시는데, 그렇게 걱정하지 않아도 됩니다.

독일의 경우, 위에서 본 바와 같이 엄격한 봉쇄조항을 통하여 군소정당의 난립을 방지하고 있고, 자유민주주의를 파괴하는 반헌법적 정당, 즉 과거의 나치나 공산당 같은 극좌·극우 정당에 관한 해산 제도가 마련되어 있어서 전체적으로 양당 중심적인 안정적인 다당제를 이루고 있습니다. 즉 정치가 안정되어 있지요. 이처럼 두 개의 정당이 축을 이루어서 안정적이면서, 반면에 기본적으로 다당제이므로 어느 정당도 과반의석의 많은 의석을 갖기 어려운 구조이므로 두 개의 큰 정당, 즉 기민당과 시민당이라도 다른 정당과 대화하고 타협하여서 합의의 정치를 아니 할 수 없게 되어 있습니다. 즉 제도적으로 대화·타협·합의의 정치를 하지 아니할 수 없게 되어 있습니다. 그렇지 않으면, 과반의석의 지지에 의한 집권이 불가능하기 때문입니다.

현재의 한국처럼 두 개의 큰 정당이 승자독식의 선거제도로 말미암아 과반의석이나 이를 훨씬 초과하는 의석을 갖게 되어서 일방적·독선적으로 입법을 강행하거나 상호 상대방을 인정하지 않고 사생결단식의 극한 대결 정치를 하는 것은 상상할 수도 없습니다. 제도가 허용하지 않습니다.

미리 말씀드리자면, 한국도 하루빨리 선거제도를 지금의 사이비 선거제도인 준연동형에서 진정한 연동형 비례대표제로 바꿔서 안정적인 다당제를 이루어 극한 싸움과 일방적 독선 대신에 대화·타협·합의하는 정치를 해야 한다고 봅니다.

김주권 여러 가지로 친절한 말씀 감사합니다. 혼합형 선거제도 중 병립형 다수대표제에 관해서 하실 말씀이 있는지요?

루 소 앞서 설명한 바와 같이 병립형 다수대표제는 본질적으로 단순다수대표제의 성격이 강하고, 여기서 생기는 심한 불비례성을 시정하기 위하여 병렬적으로 정당명부식 비례대표제를 실시하는 제도입니다. 그러다 보니 연동형과 비교하여 비례성·대표성이 많이 떨어집니다. 한국의 경우 이왕이면 병립형보다는 연동형 비례대표제를 실시하기를 권유합니다.

김주권 마지막으로 혼합형 선거제도에 관해서 유의할 점은 어떤 것인지요?

루 소 연동형이든, 병립형이든, 혼합형 선거제도에선 지역구 의원 수와 비례대표 의원 수의 비율이 중요합니다. 어떻게 보면 이것이 가장 중요하지요. 권력자들이 비례대표의 냄새만 피우려고 전체 의석의 10여% 정도만 비례 의석으로 하는 경우가 많지요. 이는 국민을 눈속임하는 것밖에 안 됩니다. 독일의 경우 앞에서 본 바와 같이 지역구 299석 그리고 비례 의석 299석으로 1:1의 비율입니다. 한국의 경우 총 의석 300석 중 현재의 비례 의석 47석은 터무니없이 적습니다. 독일처럼 1:1이 어려우면 적어도 지역구 200석, 비례 의석 100석 정도가 되어야 어느 정도 비례성·대표성을 높일 수 있습니다.

김주권   감사합니다.

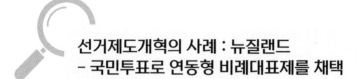

선거제도개혁의 사례 : 뉴질랜드
– 국민투표로 연동형 비례대표제를 채택

김주권   뉴질랜드가 소선거구 단순다수대표제에서 연동형 비례
대표제로 개혁(개선)한 대표적인 사례인데, 이에 대하여
말씀해 주시지요.

루 소   방금 요청하신 대로, 뉴질랜드의 사례를 말씀드리겠습니
다. 한국에 좋은 사례가 되겠습니다. 앞에서 소개한 심지
연·김민전 교수의 책인『한국 정지제도의 진회경로』에

잘 소개되어 있으므로 이를 인용하되, 약간 수정하여서 말씀드립니다.

김주권 먼저 뉴질랜드에서 선거제도 개혁이 추진된 배경에 관해서 말씀해 주시지요.

루 소 뉴질랜드는 영국보다 더 영국적인 정치 체제를 가진 나라로 알려져 왔습니다. 뉴질랜드의 정치 체제는 웨스트민스터 모델(혹은 다수제 모델)의 주요 특징인 의원내각제, 단원제, 소선거구 최다 득표제, 그리고 양당제로 특징지을 수 있습니다. 양대 정당인 노동당과 국민당이 번갈아가며 집권했는데, 소선거구 최다 득표제의 제도적인 효과로 인해 인위적 다수(manufactured majority)가 만들어질 수 있었기 때문이지요.

　내각과 의회의 융합을 특징으로 하는 의원내각제이면서 단독정당 정부가 구성돼 왔기 때문에 뉴질랜드 의회는 서구에서 '가장 빠른 입법기관'으로 알려지기도 했습니다. 이러한 빠른 정책 결정은 효율적인 거버넌스를 가능하게 하는 측면이 없는 것은 아니지만, 정권을 잡은 정당은 의회의 지지를 과신하고 사전 경고도 없이 일방적으로 급격한 정책 변화를 추진함으로써 국민의 불만을 고조시켰습니다.

국민의 기성 정치권에 관한 이러한 불만은 군소정당에 관한 지지의 증가로 이어졌는데, 군소정당에 관한 지지가 증가할수록 소선거구 최다 득표제의 가장 큰 문제점인 득표율과 의석 점유율 간의 비례성이 낮은 문제, 즉 승자독식과 사표 문제가 정치권의 전면에 대두하게 되었습니다. 특히 1978년과 1981년 선거에서는 노동당이 득표수에서는 다수를 획득했지만, 의석 수에서는 국민당이 다수를 획득해 국민당 정부가 구성되는 어처구니없는 일이 발생하기도 했습니다. 또 마오리 족 인구가 늘어나 전체 인구의 15%를 차지하게 되었지만 마오리 족에 배정된 의석은 4석에 지나지 않는 것에 대해서도 역시 불만이 고조되었습니다.

김주권   선거제도의 불합리에 관한 국민의 불만과 비판이 고조되자 개혁하지 않을 수 없었군요. 다음으로 선거제도 개혁 과정에 관해서 말씀해 주시지요.

루 소   뉴질랜드는 비례대표제를 수용, 극단적인 승자독식 정치

체제의 특성을 완화하는 방향으로 정치개혁의 방향을 잡
았습니다. 그러나 선거제도의 변화는 쉽지 않았습니다.
1981년의 선거에서 최다 득표를 하고도 정부 구성에 실
패한 경험이 있는 노동당은 1984년의 집권에 성공하자
왕립선거제도조사위원회를 설치한 바 있고, 1988년에는
의회 선거법 특별위원회를 설치해 선거제도를 바꾸고자
했지만, 정치권에서 합의를 이루어내는 데는 성공하지
못했습니다.

정치권에서 선거법 개혁 작업이 지지부진해지고 있는
동안 일반 국민 사이에서는 선거법 개혁에 관한 국민투
표 요구의 목소리가 높아졌습니다. 특히 1990년의 선거
에서 국민당이 48%의 득표율로 69%의 의석 점유율을 보
이자 1인 소선거구 최다 득표제에 관한 반대가 더 확산하
었습니다.

결국 국민당 정부는 1992년 9월에 1차 국민투표를 실
시했는데, 유권자의 55.2%기 침가한 국민투표에서 15%
의 국민이 현상 유지를 지지하는 반면, 85%의 유권자
가 선거제도 변화에 찬성했습니다. 이에 따라 다음 해인
1993년 총선에서 선거제도 결정을 위한 국민투표를 다시
실시하게 되었습니다.

1993년 11월에 총선과 함께 실시된 2차 국민투표에서는 유권자의 85.2%가 투표했는데, 전체 유효 투표자의 46.1%가 전통적인 최다 득표제를 찬성한 반면, 53.9%가 혼합비례제(mixed member proportional)를 지지했습니다. 이에 따라 1852년 이후 140여 년간 유지되었던 소선거구 최다 득표제에서 혼합식 선거제도로 바꾸게 되었습니다.

혼합식 중에서도 뉴질랜드는 각 정당이 얻은 득표에 비례해 의석 수를 배정하고, 배정된 의석 수 가운데 먼저 소선거구 당선자로 채우고 나머지 의석을 전국 비례대표제에서 채우는 혼합비례제, 즉 독일의 연동형 비례대표제를 채택했습니다. 총의석 수가 99석에서 120석으로 증가했는데, 그중 1인 선거구가 65개(60개의 일반 선거구와 5개의 마오이 선거구)이며 전국 비례대표제 의석이 55개 내외입니다.

김주권 선거제도 개혁은 어떤 결과를 낳았나요?

루 소 이러한 선거제도 변화의 효과는 곧바로 나타났습니다. 1996년 10월에 실시된 선거에서 군소정당의 진출이 눈에 띄게 증가했으며, 어느 정당도 과반의석을 취득하지 못하고 그 결과 단독정당 정부의 구성이 불가능해지게 되었지요. 이 때문에 뉴질랜드 역사상 처음으로 국민당과 뉴질랜드 제1당이 연립한 연립정부가 출현하게 되었습니다. 선거의 대표성·비례성이 강화되고, 온건 다당제에 기초하여서 합의제 민주주의가 구현되게 되었습니다.

김주권 뉴질랜드의 사례를 보니, 선거제도의 개혁이 합의제 민주주의를 구현하게 하였고, 그 과정에서 정치권은 한계를 보여서 결국 국민이 중심이 되어 국민투표로 결정했군요. 한국에 시사하는 바가 아주 크다고 생각합니다.

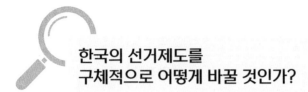

한국의 선거제도를
구체적으로 어떻게 바꿀 것인가?

김주권 한국의 선거제도는 어떻게 개선해야 좋을까요?

루 소 한국의 선거제도 역사를 요약하면, 이미 말씀드린 바와
같이 군부독재 시기인 유신시대엔 대통령이 임명하는 유
정회 의원이 전체 국회의원의 $\frac{1}{3}$을 차지하고, 신군부의
5공화국 시대엔 1선거구 2인 선출의 중선거구제에다가
전국구 비례대표의원의 절대다수를 집권당이 차지하게

되어 있어서 집권당이 절대적으로 다수의 의석을 차지하는 구조입니다.

1987년 6월 민주화 항쟁 이후엔 대부분 국회의원을 1인 선출의 소선거구에서 뽑고, 여기에 양념으로 약간의 비례대표 의석을 병립형으로 추가시켰는데, 그러다 보니, 그 실질은 소선거구에 기초한 단순다수대표제였습니다. 그러다가 문재인 정부 시절에 이러한 선거제도를 소위 준연동형 비례대표제도로 변경하였는데, 총의원 300명 중 지역구 의원이 253명이나 차지하고, 비례대표 의원은 구색 갖추기로 47명에 불과합니다. 거기에다가 준연동형이기 때문에 각 정당의 전국 득표율에 따른 의석 수 배정 비율을 $\frac{1}{2}$로 줄였기 때문에, 이름만 (준)연동형 비례대표제이지, 사실은 그 실질이 소선거구 단순다수대표제에 불과합니다. 이처럼 1987년 민주화 이후 본질적으로 승자독식의 소선거구 단순다수대표제를 지속해서 채택하다 보니, 거대 양당인 더불어민주당과 국민의힘이 절대적으로 다수의 의석을 점유하는 양당제가 되었습니다. 두 거대 양당은 허구한 날 권력 싸움에 시간을 낭비하고, 국정의 효율성은 바닥으로 떨어졌습니다. 거기다가 제1야당인 더불어민주당은 과반을 훨씬 넘는 의석을 취득하여 대화·타협은 아예 생각하지도 않고 일방적, 독선적 입법을 강행하고 있지요. 이에 집권여당인 국민의힘 소속의 대통령은 거부권을 행사하는 정치 파행이 계속되고 있습니다. 또 준연동형 선거제도의 설계상 오류로 소위 비례대표용 위성정당이라는 괴물까지 등장하였습니다. 참으로 부끄러운 선거제도이지요.

이제 한국은 대화와 타협의 정치를 하여 국리민복을 향상하고, 비례성·대표성을 확대하는 성숙한 민주주의를 구현하기 위해서 선거제도의 개선이 절대적으로 요청된다고 봅니다. 선거제도의 개혁은 피할 수 없는 시대적 과제가 되었습니다.

김주권 잘 알겠습니다. 그러면 현재 한국의 선거제도는 어떻게 개선해야 할까요?

루 소 한마디로 현재의 소선거구 단순다수대표제는 비례성·대표성이 떨어지는, 승자독식의 선거제도로서 사회발전의 걸림돌이 되고 사회모순을 심화시키고 있으므로, 이제 제대로 된 독일의 연동형 비례대표제를 도입하기를 권유합니다. 그러면 선거제도의 비례성·대표성이 강화되어 소수 정파도 원내 진출이 쉬워져서 다원적인 포용 사회가 이루어지고, 한국 정치의 고질병인 지역주의(정치)도 극복될 뿐만 아니라 독일과 같이 안정적인 온건 다당제가 정착되어 대화·타협·합의의 정치가 이루어지리라 봅니다.

김주권 구체적으로 말씀해 주시지요.

루 소 첫째, 전체 국회의원 정수는 현재 300명에서 30명에서 50명 정도 증원합니다. 대신 의원의 세비를 줄이고, 9명이나 되는 보좌관 수를 절반 정도로 줄여서 예산 증가가 없도록 합니다. 또 불체포특권 등 각종 특권과 여러 가지 과잉 혜택 등을 폐지하여서 국민 위에 군림하는 게 아니라, 밑에서 봉사하는 본연의 위치를 찾도록 해야 합니다. 한국의 경우 국회의원의 수가 아니라, 그들이 누리는 과도한 특권과 특혜가 문제라고 봅니다. 국민의 불신을 받고 있는 국회의원들의 자기 쇄신이 절실히 필요합니다.

둘째, 비례대표의원 수를 늘려서 지역구의 의원 수와 비례 의원 수의 비율을 적어도 2:1 정도가 되게 합니다. 장기적으로는 독일처럼 1:1이 되는 게 바람직합니다. 현시점에서 말씀드리면, 의원 정수를 30명 늘릴 경우 330명이 되는데, 지역구 220명, 비례대표 110명 정도가 되도록 해야 합니다. 통폐합되는 지역구의 유능한 의원은 비례대표로 진출하도록 하면 됩니다.

셋째, 지역구는 소선거구 단순다수대표제를 유지하여 지역 대표성을 갖고, 또 인물경쟁이 이루어지게 합니다.

넷째, 비례대표 후보 정당명부를 전국 단위로 작성할 것이냐, 아니면 전국을 몇 개의 지역으로 나눈 권역별로 작성할 것이냐의 문제가 있으나, 지방정치의 활성화를 위하여 권역별로 정당명부를 작성하길 권합니다. 권역을 나눌 때, 광역시와 도를 각각의 권역으로 할 것인지 혹은 광역시와 도를 묶어서 하나의 권역으로 할 것인지 문제 됩니다만, 정치세력간 협의하여 결정하면 됩니다. 그리고, 이렇게 결정된 권역별로 그 인구수에 비례하여 의원 정수를 배정합니다.

다섯째, 당선자결정 방식을 말씀드립니다. 우선 각 정당은 전국득표율에 비례하여 의석을 할당받은 다음, 그 의석을 권역별로 권역의 득표율에 비례하여 배분합니다. 위 (정당의) 전국득표율은 특정 정당(예, 민주당)이 정당투표에서 전국적으로 얻은 득표수를 봉쇄조항을 통과하여 의석 배분을 받을 수 있는 정당들이 (정당투표에서 전국적으로) 얻은 득표의 합계로 나누어 구하고, 위 권역의 득표율은 특정 정당이 특정 권역(예, 경기도)의 정당투표에서 얻은 득표 수를 같은 정당이 정당투표에서 전국적으로 얻은 득표 수로 나누어 구합니다. 득표율의 $\frac{1}{2}$만 비례하여 의석 수를 배정하는 현재 선거법의 준연동형은 이처럼 완전한 연동형으로 바꿔야 합니다. 그다음 단계로, 정당은 각 권역에 배정된 의석 수를 우선 지역구 당선자로 채우고, 나머지 의석은 그 권역의 정당명부 비례대표 후보로 채웁니다.

여섯째, 유권자는 지지하는 지역구 후보에게 1표, 지지하는 정당(명부)에 1표씩 투표합니다. 즉 1인 2표제입니다.

일곱째, 초과의석은 그대로 인정합니다.

여덟째, 봉쇄조항은 전국 득표율 5% 이상 혹은 지역구 의석 3석 이상 획득한 정당에만 의석 배분을 허용하는 내용으로 정합니다.

김주권　고맙습니다. 잘 알겠습니다, 우리 국민과 정치인들이 많이 참고했으면 합니다. 참고로 현재 한국에서는 제1야당인 더불어민주당은 연동형 비례대표제를, 집권당인 국민의힘은 도농복합형 선거구제(도시는 중·대선거구제+농촌은 소선거구제)와 비례대표제 병립의 혼합형 선거제도를 제안하고 있음을 말씀드립니다.

루 소 이번 기회에 한국에서 국민 여론을 수렴하여서 눈앞의 당리당략을 넘어 백 년을 내다보고 선거제도가 개혁되어서 민주주의가 한 단계 발전하기를 빕니다. 모든 국민이 관심을 가지고, 선거제도의 개선에 참여하기를 바랍니다.

김주권 다음은 선거제도와 밀접한 관계가 있을 뿐만 아니라, 정당 내 민주주의와도 밀접히 연관된 정당의 후보 공천제도에 관해서 여쭤보겠습니다.

제3장   공천제도의 개혁

**민주적인 상향식 공천 절차를
법제화하자**

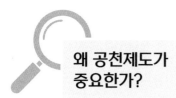

왜 공천제도가
중요한가?

김주권 정당의 공직 후보 공천이 중요한 이유는 무엇인가요?

루 소 각 정당은 선거에 출마할 후보를 추천합니다. 이를 줄여
공천이라고 합니다. 그러면, 후보는 그 정당의 이름을 달
고 지역구 선거에 출마하고, 유권자는 여러 정당이 추천
한 후보들과 무소속 후보 중 지지하는 후보에게 투표하
지요.

또 비례대표제의 경우, 각 정당은 선거 시 정당명부를 작성하는데, 정당명부에는 그 정당이 추천한 비례대표 후보가 1번부터 순위대로 기재되어 있습니다. 즉 정당은 명부에 기재될 비례대표 후보로서 누구를 추천할 것인지, 그 순위를 어떻게 할 것인지를 결정합니다.

결국 정당정치가 정착된 나라에서 유권자는 대부분 지역구 투표에서 정당이 공천한 후보 중에서 자신이 지지하는 후보를 찍고, 정당투표에선 자신이 지지하는 정당을 찍습니다. 사실상 유권자는 정당이 공천한 지역구 후보 중 한 사람 혹은 지지하는 정당의 명부에 기재된 비례대표 후보를 찍게 됨으로써 정당의 후보 공천은 유권자의 선택 범위를 제한하게 되고, 정당 공천은 예비 선거의 성격을 갖게 됩니다. 요컨대, 정당의 공천을 받지 못한 후보는 당선 가능성이 매우 적습니다. 따라서, 정당의 후보 공천이 민주적 절차에 의하여 상향식으로 이루어지느냐, 아니면 그렇지 않고 소수의 정당 내 실력자가 밀실에서 하향식으로 결정하느냐는 대의 민주주의에서 대단히 중요할 수밖에 없습니다.

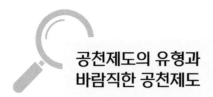

공천제도의 유형과
바람직한 공천제도

김주권 공천제도의 유형에 대하여 설명해 주시지요.

루 소 공천제도를 구성하는 요소를 보면,

첫째, 누가(공천 주체),

둘째, 누구를(후보 자격),

셋째, 어디에서(중앙 혹은 지방에서),

넷째, 어떤 절차(특히 1단계 혹은 2단계 이상)로

공직 후보를 선출(결정)할 것인가로 나눠볼 수 있습니다.

첫째, 누가, 즉 공천 주체의 문제가 가장 중요합니다. 크게 보아 일반 당원이나 대의원이 후보를 선출하는 경우와 당내 계파의 보스 등 실력자가 밀실에서 후보를 결정하는 경우로 나누어 볼 수 있습니다. 전자가 민주적인 상향식 공천방식이고, 후자가 비민주적·과두적인 하향식 공천방식입니다. 정치 후진국에선 후자의 방식이 성행하고, 정치가 선진화된 나라에서는 전자의 방식이 채택됩니다. 한국의 경우 후자의 방식에서 전자의 방식으로 이행되고 있다고 합니다만, 대통령 후보 선출을 제외하고 국회의원 후보나 지방선거 후보 선출 등은 무늬만 당원이나 국민에 의한 후보 선출의 외양을 갖추고 있을 뿐 현실에 있어선 당 대표 등 당내 실력자 등이 실질적으로 후보를 결정하고 있습니다. 한국의 경우 정치개혁의 핵심은 정당개혁이고, 정당개혁의 핵심은 공천개혁이라고 할 정도입니다.

둘째, 누구를, 즉 후보 자격의 문제입니다. 보통 각 정당이 당헌·당규로 후보 자격을 규정하고 있습니다. 물론 선거에 출마하는 후보에게 선거법상 피선거권이 있어야 함은 물론입니다.

문제는 각 정당에서 파벌, 특히 당권파에서 비주류 측 인사를 공천에서 탈락시키기 위하여 공천 심사나 후보 경선 직전에 당헌·당규를 개정하여 시행하는 꼼수를 피운다는 것입니다. 이런 폐단을 방지하기 위해서 공천 관련 당헌·당규 개정은 그다음 선거부터 적용되도록 선거법에 규정을 둘 필요가 있습니다.

셋째, 어디에서, 즉 공천을 중앙당에서 하느냐, 지역당에서 하느냐의 문제입니다. 이는 선거가 행해지는 단위, 즉 예컨대 대통령 후보는 중앙당에서, 지역구 의원 후보는 그 지역의 당 지부에서, 권역별 비례대표 의원은 그 권역의 당 지부에서 공천하도록 하는 게 사리에 맞습니다. 모든 선거의 후보를 중앙당에서 공천하는 것은 흔히 당 실력자가 모든 후보의 공천권을 독점하려는 탐욕에서 비롯된 것이기 때문에 민주주의 국가에선 바람직하지 않습니다.

넷째, 어떤 절차, 특히 공천 절차가 1단계로 구성되어 있느냐, 아니면 2단계 이상의 절차로 되어 있느냐의 문제입니다. 한국의 경우를 예로 들면, 정당은 선거 때 공천관리위원회를 설치하고, 또 당원·대의원, 혹은 일반 국민이 후보 선출을 위하여 투표하는 경선 절차를 시행합니다. 요컨대, 공천 절차가 공천관리위원회의 심사단계와 당원이나 국민에 의한 후보 경선 단계로 이루어집니다. 즉 2단계 절차입니다. 이 경우 문제는 공천관리위원회가 실질적으로 후보를 결정하고, 당원 경선 혹은 국민경선은 이를 정당화하기 위해서 요식 절차로서 형식적으로 이루어지는 경우가 많다는 것입니다. 후보 선출은 당원 경선 혹은 국민경선에 의해 이루어지고, 공천관리위원회는 문자 그대로 사무적으로 공천 절차를 관리하는 실무적인 기능만 담당하도록 해야 민주적 공천제도의 취지에 부합합니다.

김주권 핵심을 요약해주시지요.

루 소 결국 정당의 후보 공천에서 가장 중요한 것은 누가 후보를 결정하느냐의 문제, 즉 공천 주체의 문제입니다. 이를 기준으로 보면, 위에서 말씀드린 바와 같이 공천제도는 크게 두 가지로 나눌 수 있습니다.

첫째, 정당 내 실력자나 계파 보스가 밀실에서 후보를 결정하는 비민주적인 하향식 공천방식,

둘째, 정당의 당원이나 대의원, 혹은 일반 국민이 선거 (경선)를 통하여 후보를 선출하는 민주적인 상향식 공천 방식이 그것입니다.

두 번째 민주적 공천방식은 다시 나누어보면, 정당 당원이나 대의원이 후보를 선출하는 당원 경선 방식, 일반 국민이 후보를 선출하는 국민경선 방식, 정당 당원과 일반 국민이 함께 후보를 선출하는 혼합경선 방식의 세 가지 공천방식이 있습니다. 당원 경선 방식은 독일 등 유럽 국가에서 시행하고 있고, 혼합경선이나 국민경선 방식은 미국에서 '오픈 프라이머리'(개방형 예비 선거)라는 명칭으로 시행하고 있습니다.

김주권   한국의 지역구 의원의 경우, 후보 공천에 국민여론조사 방식도 이용하고 있는데, 어떻게 생각하시나요?

루 소   국민여론조사방식은 간단하게 할 수 있는 이점이 있으나, 이 방식으로 후보 공천하는 것은 바람직하지 않다고 봅니다.

김주권   바람직한 공천제도로서 어느 나라의 것을 꼽을 수 있을까요?

루 소 독일이나 미국의 공천제도를 추천하고 싶습니다. 우선 독일이나 미국은 공천제도의 중요성에 비추어 정당이 당헌·당규에서 공천방식을 규정하도록 하는 대신 독일은 연방 선거법에서, 미국은 각 주법에서 공천 절차에 대하여 자세한 규정을 두고 있습니다. 따라서, 각 정당의 실력자나 계파 보스가 선거 때마다 자의적으로 자신에게 유리하도록 공천방식을 바꿀 수 없게 되어 있는 구조입니다.

구체적으로 보면, 독일의 경우 당원이나 대의원이 선거를 통하여 후보를 선출하는 방식이고, 미국의 경우 후보 선출 절차를 프라이머리, 즉 예비 선거라고 하는데, 그 방식에는 후보 선출 절차에 당원만이 참여하는 폐쇄형과 일반 국민도 참여하는 개방형(오픈 프라이머리) 등이 있습니다. 제 생각에는 한국의 경우 독일이나 미국의 공천제도를 법제화하는 개선이 반드시 필요하다고 봅니다.

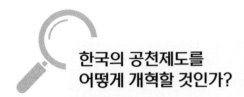

한국의 공천제도를
어떻게 개혁할 것인가?

김주권   그럼 이제 한국의 공천제도를 어떻게 개선할 것인가에
관해서 구체적으로 말씀해 주시지요.

루 소   먼저 한국의 주요 정당에서 공천이 어떻게 이루어지고
있는지 살펴보겠습니다. 더불어민주당과 국민의힘이
2대 정당인데, 공천 절차를 보면 비슷합니다.
　　우선 지역구 국회의원의 공천을 보겠습니다. 선거철이

다가오면 당내에 공천관리위원회를 구성합니다. 공천관리위원회의 구성을 보면, 당 내부 인사와 외부 인사가 함께 참여하는 경우가 많습니다. 대개 당 대표와 그가 속한 (주류) 계파가 자기 사람을 공천관리위원에 임명하지요. 그러다 보니, 공천관리위원회는 독립성을 상실하고, 당 대표나 그 계파가 지지하는 사람이 공천받도록 움직입니다. 이처럼 거의 허수아비 같은 공천관리위원회의 권한은 어떠하냐? 아주 막강합니다. 후보 간 경선제도가 별도로 있다 하더라도, 사실상 공천관리위원회가 공천을 결정하다시피 합니다. 먼저 이 위원회는 당원 경선 등 후보 간 경선을 할 지역구를 선정합니다. 그런데, 한국에선 전략공천 등을 이유로 경선을 하지 않는 지역구가 경선을 하는 지역구보다 월등히 많습니다.

또 경선을 해서 후보를 선출하도록 결정된 지역구라고 하더라도, 그 경선에 나갈 사람이 누구인지를 공천관리위원회가 결정하는데, 당 대표나 그 (주류) 계파와 적대적 관계가 있거나 거리가 있는 비주류 후보들에 관해서는 이런저런 이유를 대면서 경선에 나갈 자격을 박탈해버립니다. 이를 소위 컷오프라 하는데, 아주 자의적으로 남용하고 있지요.

그리고, 어떤 방식으로 후보 간 경선을 할 것인지, 예컨대 당원 경선인지, 대의원 경선인지, 국민경선인지, 혼합(당원+국민) 경선인지, 아니면 여론조사방식인지를 역시 공천관리위원회가 결정하는데, 당연히 당 대표나 그 계파에 속한 사람이 후보가 되는 데 유리한 경선방식으로 결정하지요.

한국 정당의 공천 절차가 위와 같다 보니, 무늬만 당원 경선이니, 국민참여경선이니 하며 민주적 방식의 외양을 갖추고 있을 뿐, 실질은 사실상 당 대표나 그 (주류) 계파가 자신이 임명한 공천관리위원회를 통하여 후보를 결정하지요. 후보 공천에서 당원이나 국민은 사실상 배제됩니다. 전형적인 비민주적 하향식 공천방식이지요.

김주권 그런데, 왜 이러한 비민주적, 과두제적인 공천방식이 그대로 방치·묵인되고 있지요?

루 소 한국 헌법은 제8조에서 정당에 관하여 규정하고 있는데, 헌법 제8조 제1항은 정당의 설립 등 정당의 자유를 포괄적으로 규정하고 있습니다. 한국의 정당이나 정치인은 이 조항을 금과옥조로 하여 국가가 정당의 공천 절차에 개입하면 무조건 정당의 자유를 침해하는 것이라고 주장하지요.

그러나, 이 주장은 잘못된 것입니다. 왜냐하면, 헌법 제8조 제2항이 정당 내 민주주의를 규정하고 있기 때문이지요. 정당은 자유로운 지위뿐만 아니라 사실상 준국가기관으로서 공공적 지위를 갖고 있습니다. 위처럼 헌법 제8조 제2항이 정당 내 민주주의를 규정하고 있기 때문에, 국가, 특히 입법부인 국회는 정당 내 민주주의를 위하여 정당 공천이 민주적이고 공정하며 투명하게 이루어지도록 관련 법률을 만들어야 합니다, 즉 민주적 공천 제도의 법제화가 요청됩니다. 그런데도, 입법부인 국회는 물론이고 이를 바로 잡을 법원과 헌법재판소조차도 정당의 자유 운운하며 손을 놓고 직무 유기를 하고 있습니다.

김주권 비례대표 후보 공천방식은 어떤가요?

루 소 한국에서 비례대표 후보 공천은 더욱 난맥상입니다. 별도로 후보추천위원회를 구성하여 비례대표 후보를 공천하는데, 당 대표가 위원회의 구성 및 운영을 좌지우지하다 보니, 당 대표와 가까운 사람이 공천받거나 어떤 경우엔 자산가가 헌금을 내고 그 대가로 공천받는 경우도 있습니다. 지역구 의원 공천보다도 훨씬 후진적이지요.

김주권 이처럼 비민주적인 공천제도를 어떻게 개선할 것인지에 대하여 구체적으로 말씀해 주시지요.

루 소 첫째, 지금 한국은 정당의 공천 절차에 대하여 정당의 당헌·당규에서 규정하고 있습니다. 그러다 보니, 당 대표나 그 계파가 자기 쪽 사람을 공천하기 위하여 선거 때마다 당헌·당규를 변경합니다. 국가가 이러한 것을 허용해서는 안 됩니다. 독일이나 미국처럼 공천이 민주적으로 이루어지도록 그 절차를 법률로써 구체적으로 규정해야 합니다. 즉 민주적 공천제도의 법제화가 필요합니다.

둘째, 구체적인 공천 절차의 개선에 관해서 말씀드리면, 우선 공천관리위원회가 독립적으로 기능하도록 그 구성원이 결정되어야 하고, 또 그 권한도 후보가 되겠다는 사람이 법률적으로 결격사유가 있는지만 검토하는 등 제한해야 합니다. 지금처럼 당 대표나 그 계파의 조종을 받는 공천관리위원회가 여러 가지 꼼수로 사실상 공천을 결정하게 해서는 안 됩니다.

그리고, 반드시 후보 간 경선을 하여 당원이나 국민이 후보를 선출하도록 해야 합니다, 다만, 당원 경선이냐, 국민경선이냐, 혼합경선이냐의 그 구체적인 경선방식은 각 정당이 자율적으로 결정하도록 해도 좋습니다.

셋째, 현재 한국 선거법상의 공천 관련 규정을 보겠습니다.

공직선거법 제47조 제2항: 당이 제1항에 따라 후보자를 추천하는 때에는 민주적인 절차에 따라야 한다.

공직선거법 제57조의 2(당내 경선의 실시) 제1항: 정당은 공직선거 후보자를 추천하기 위하여 경선(이하 '당내 경선'이라 합니다.)을 실시할 수 있다.

이상의 규정을 보면, 외양은 민주적 공천 절차가 이루어지는 것으로 보입니다, 그러나, 특히 경신에 관한 공직선거법 제57조의 2 제1항은 '정당은 공직 선거 후보자를 추천하기 위하여 경선(이하 '당내 경선'이라 합니다.)을 실시할 수 있다.'라고 규정하여, 경선 실시 여부를 정당이 자유로이 선택(결정)하도록 되어 있습니다. 이를 핑계로 각 정당은 대부분의 지역구에서 경선을 실시하지 않고 당 대표나 그 계파의 하수인 격인 공천관리위원회가 사실상 후보를 결정하고 있습니다. 따라서 공직선거법 제57조의 2 제1항을 '정당은 공직 선거 후보자를 추천하기 위하여 경선을 실시해야 한다.'로 개정해야 합니다. 이 개정만으로도 공천 절차에서 반드시 당원 경선이나 국민경선을 실시해야 하므로, 후보자가 민주적으로 선출(결정)됩니다. 공천제도개혁에 대하여 정당 간 합의가 어려우면 최소한 이 개정만이라도 하기를 권유합니다. 그리고 공천관리위원회가 독립적으로 기능하도록 구성 방법 등을 개선하고, 또 그 권한을 문자 그대로 후보 공천의 결정이 아니라 공천 절차를 사무적으로 관리하는 것으로 제한하는 규정을 둘 것을 권유합니다.

김주권   비례대표의원 후보의 공천방식은 어떻게 개선하는 게 좋을까요?

루　소   비례대표 후보 공천이 지역구 의원 후보 공천보다 훨씬 더 비민주적으로 밀실에서 행해지고 있다고 이미 말씀드렸습니다.

지난 문재인 정부 때 2020. 1. 14. 공직선거법을 개정하여 준연동형 비례대표제를 도입하면서, 비례대표 의원 후보의 공천 절차에 관한 규정을 새로이 두어서 비례대표 공천이 민주적으로 이루어지도록 하였는데, 그 후 얼마 후 이를 삭제하였습니다. 대단히 유감입니다. 우선 비례대표 공천 절차의 개선에 대하여는 위 삭제된 비례대표 후보 공천에 관한 공직선거법 규정을 부활시킬 것을 권유합니다. 제가 부활시킬 것을 권유하는 비례대표 후보 공천에 관한 과거 공직선거법 규정은 다음과 같습니다. 참고하시길 바랍니다.

공직선거법 제47조 제2항: 정당이 제1항에 따라 후보자를 추천하는 때에는 당헌 또는 당규로 정한 민주적인 절차에 따라야 하며, 비례대표 국회의원선거의 후보자를 추천하는 경우에는 다음 각호의 절차를 따라야 한다.

1. 정당은 민주적 심사 절차를 거쳐 대의원·당원 등으로 구성된 선거인단의 민주적 투표 절차에 따라 추천할 후보자를 결정한다.

2. 정당은 제1호에 따른 비례대표 국회의원선거의 후보자 추천 절차의 구체적인 사항을 당헌·당규 및 그 밖의 내부 규약 등

으로 정한다. 이 경우 정당은 선거일 전 1년(선거일 전 1년 후에 창당·합당한 정당의 경우에는 「정당법」 제4조 제1항·제19조 제2항에 따라 창당·합당이 성립한 날부터 1개월)까지 비례대표 국회의원 선거의 후보자 추천 절차의 구체적인 사항을 중앙선거관리 위원회에 서면으로 제출하고, 중앙선거관리위원회는 정당별로 후보자 추천 절차의 제출 여부와 내용을 홈페이지에 게시하여야 한다.

3. 정당은 제49조에 따라 후보자 등록하는 때에 비례대표 국회의원선거의 후보자 추천과정을 기록한 회의록 등 제1호 및 제2호 전단에 따라 후보자가 추천되었음을 증명할 수 있는 자료를 후보자명부에 첨부하여야 한다(2020. 1. 14. 본항 개정).

김주권 마지막으로 도움되는 말씀이 있으면 해주시지요.

루 소 한국의 사법부는 정당의 후보 공천에 관해서 정당의 자유 운운하며 개입하지 않으려는 소극적 태도를 보입니다. 그러나, 정당이 공공적 지위를 갖고 있고, 또 헌법 제8조 제2항이 정당 내 민주주의를 규정하고 있으므로, 사법부가 비민주적이고 불공정한 정당의 후보 공천에 관해

선 적극적으로 개입하여 무효 선언을 하여서 정당의 후
보 공천이 민주적으로 또 공정하게 이루어지도록 유도할
것을 권고드립니다.

제4장   정당체계의 개선

**온건 다당제로
정당 간 연합정치를 하도록 하자**

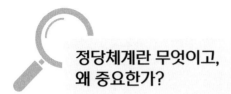

정당체계란 무엇이고,
왜 중요한가?

김주권   정당체계란 무엇인가요?

루 소   정당체계란 쉽게 말해서 정당 간의 관계라 할 수 있습니
다. 자세히 말씀드리면, 몇 개의 정당이 이념적·역학적·
양태적으로 어떻게 경쟁하느냐? (바꿔말하면 어떤 이념적·
역학적·양태적 관계에서 경쟁하느냐?)의 문제입니다.

우선, 몇 개의 정당이 경쟁하느냐의 문제입니다. 이를

기준으로 정당체계를 분류하면, 한 개의 정당만이 인정되는 일당 체계와 두 개 이상의 정당이 인정되어 경쟁하는 복수정당 체계로 나눌 수 있고, 후자의 경우엔 다시 양당제와 다당제로 나눌 수 있습니다.

　다음, 정당들이 어떤 이념적·역학적·양태적 관계에서 경쟁하느냐의 문제입니다. 이념적으로 진보·중도·보수 정당으로 나눌 수 있고, 역학적으로는 의회 내 의석 수를 기준으로 과반의석을 점유하는 정당, 과반의석을 점유하지 못하나 원내에서 제일 많은 의석을 가진 정당, 중간 정도의 의석을 점유하는 정당, 소수 의석을 가진 정당 등으로 나눌 수 있으며, 양태적으로, 즉 경쟁 양태적으로 정당 관계를 살펴보면, 사생결단식으로 진흙탕 싸움만 하는 정당관계, 대화·타협·합의를 추구하는 정당 관계로 나눠볼 수 있습니다. 이상의 내용이 정당 간의 관계, 즉 정당체계의 내용을 이룬다고 하겠습니다.

김주권　쉽게 설명해 주셔서 감사합니다. 이러한 정당체계가 정치에서 중요한 이유는 무엇인가요?

루　소　현대국가의 민주주의는 직접 민주주의가 아니라 간접민주주의, 즉 대의 민주주의입니다. 국민이 주기적 선거를 통하여 대표자를 뽑아 정부를 구성하면, 대표자들로 구성된 정부가 정책을 결정하고 집행하는 등 국정을 운영합니다. 그런데, 이 과정에서 즉 선거와 정부의 국정운영 과정에서 정당이 핵심 역할을 하지요. 따라서, 현대국가의 민주주의는 정당 중심의 대의 민주주의이지요. 정당을 빼놓고는 대의 민주주의를 생각할 수 없고, 그러다 보니 정당 내부의 문제, 그 조직과 공천 절차 등 의사결정 방식이 중요할 뿐만 아니라, 정당과 정당 간의 관계 즉 몇 개의 정당이 이념적·역학적·양태적으로 어떻게 경쟁하느냐의 정당체계가 아주 핵심적인 중요성을 갖게 됩니다.

김주권　잘 알겠습니다.

정당체계에는
어떤 것들이 있는가?

김주권　정당체계에 어떤 것들이 있는지, 정당체계의 유형에 대
하여 구체적으로 말씀해 주시지요.

루　소　정당체계의 분류를 도표로 그려보겠습니다.

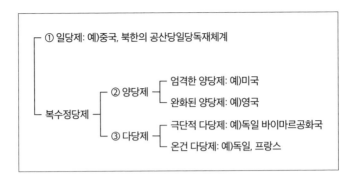

① 일당제: 예)중국, 북한의 공산당일당독재체계

복수정당제 ┬ ② 양당제 ┬ 엄격한 양당제: 예)미국
          │   └ 완화된 양당제: 예)영국
          └ ③ 다당제 ┬ 극단적 다당제: 예)독일 바이마르공화국
                     └ 온건 다당제: 예)독일, 프랑스

김주권 설명해 주시지요.

루 소 일당제는 중국이나 북한 등 공산주의 국가의 공산당 일
당 독재체계나 과거 독일 히틀러의 나치스 당이 이에 해
당합니다. 자유민주주의 국가에선 허용되지 않습니다.
한국도 헌법 제8조 제1항에서 복수정당제를 규정하고 있
습니다. 복수정당제에도 양당제와 3개 이상 정당이 경쟁
하는 다당제가 있습니다. 양당제와 다당제는 경쟁하는
정당이 2개이냐, 아니면 3개 이상에 의하여 구분됩니다.

　　양당제에선 한 개 정당이 과반의석을 점유하는 경우가
많아서 다른 정당의 협력을 얻기 위한 대화·타협 등의 필
요성이 적고, 반면에 제1야당과의 싸움이 쉽게 생깁니다.
양당제에도 미국처럼 공화당과 민주당 이외에 제3당이

없는 엄격한 양당제와 영국처럼 보수당, 노동당 외에 제3당인 자유당 등이 존재하는 완화된 양당제가 있습니다.

다당제에선 한 개 정당이 과반의석을 점유하는 경우가 사실상 불가능하기 때문에 제1당이라 하더라도 다른 정당의 협력을 얻기 위하여 대화하고 타협하는 것이 제도적으로 유인·강제되고, 복수의 정당이 연합한 연립내각이 성립됩니다.

다당제에도 수많은 군소정당이 난립하고 극좌·극우의 극단적 정당의 존재로 항상 정치가 불안정한 극단적인 다당제가 있고, 반면에 군소정당의 난립이 방지되는 시스템이 있고, 또 과반의석은 아니더라도 30%~40%의 의석을 점유하는 맏형격인 양대 정당이 있어서 그 정당이 정당체계의 중심축을 이루고 있으며, 또 극좌·극우 등 극단적인 정당을 해산시키는 제도를 갖춰 안정적인 국정운영이 이루어지는 온건한 다당제가 있습니다.

과거 독일의 바이마르공화국 등 제2치세계대전 이전 서구의 다당제 국가는 대부분 극단적 다당제를 갖게 되어 정치가 극히 불안정하고, 독일의 경우 결국 히틀러의 전체주의가 들어선 경험이 있기 때문에, 다당제에 대하여 많은 사람이 부정적으로 생각하는 경향이 있습니다.

그러나, 위에서 말씀드린 바와 같이 독일의 경우 2차세계대전 이후에 바이마르공화국의 실패를 교훈 삼아 제도 개선을 통하여 기민당·사민당의 양당 중심적인 온건 다당제를 갖게 되어서, 다당제임에도 정치와 국정운영이 안정적으로 이루어지고 있지요. 프랑스의 경우에도 2차 세계대전 이후에 좌파 연합과 우파 연합의 양대 블록 중심의 안정적인 다당제를 하고 있습니다.

한국의 경우 두 개의 거대한 정당이 사생결단식의 싸움으로 정치를 양극화하는 현재의 양당제를 벗어나, 독일과 같은 안정적인 다당제를 취함으로써, 정당들이 대화·타협·합의의 정치를 하고, 입법부와 행정부가 협치하는 안정적인 국정운영을 하는 것이 절대적으로 필요합니다.

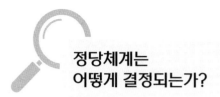

정당체계는
어떻게 결정되는가?

김주권   정당체계의 종류가 여러 가지 있다는 것을 알게 되었습
니다. 그럼, 한 국가에서 정당체계는 어떻게 결정되나요?

루 소   헌법으로 일당제냐 혹은 복수정당제냐를 선택하여 규정
할 수 있습니다. 전체주의 국가 이외의 자유민주주의 국
가는 모두 정당 설립의 자유를 인정함으로써 복수정당
제를 취하고 있습니다. 그런데, 복수정당제 중 양당제냐,

다당제냐 하는 것은 법으로 규정할 수 없습니다. 왜냐하면 자유민주주의 국가에선 모든 국민에게 정당 설립의 자유가 인정되기 때문입니다.

김주권 그럼, 무엇이 정당체계를 결정하나요?

루 소 (프랑스의 유명한 헌법학자 겸 정치학자인) 듀베르제의 법칙이라는 게 있습니다. 듀베르제의 법칙에 의하면, 선거제도가 정당체계를 결정한다고 합니다. 구체적으로 보면, 승자독식의 소선거구 단순다수대표제는 양당제로 귀결되고, (정당의 득표율에 비례하여서 의석을 배분하는) 비례대표제는 다당제로 귀결되며, 혼합선거제도 중, 본질적으로 비례대표제인 연동형 비례대표제는 다당제로 귀결되고, 병립형 단순 다수제는 양당제적 경향이 강하다고 합니다.

김주권 그 밖에 정당체계의 결정에 영향을 미치는 요소는 무엇이 있을까요?

루 소 위처럼 기본적으로 어느 선거제도를 취하느냐에 따라 정당체계의 유형이 결정됩니다. 다만 이는 기계적인 것이 아님은 유의해야겠지요.

선거제도 이외에 정당체계에 영향을 미치는 것은 각 정당의 선거전략입니다. 즉 후보단일화 등 정당 간 선거 연합에 의하여 선거 결과가 다르게 나타날 수 있고, 결국 정당체계가 다르게 됩니다, 참고로 정당 간 연합정치를 도표로 보여드리겠습니다.

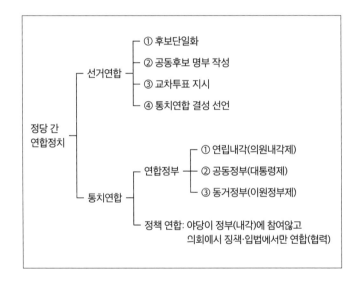

물론 그 밖에 선거 때마다 각 정당이 유권자의 지지를 얼마나 받고 있는가가, 선거 결과와 정당체계를 결정하

는 데 기초적인 영향을 미치지요. 또 한국의 경우 지역주의가 선거 결과와 정당체계에 영향을 많이 미치지요.

그러나, 선거제도가 정당체계를 결정하는 데 가장 큰 제도적 요인임이 분명합니다. 따라서, 선거제도를 설계할 때 그로 말미암은 정당체계를 함께 고려해야 하고, 또 반대로 그 나라에 바람직한 정당체계에 대하여 국민적 공감대가 형성되면 그에 상응하는 선거제도를 채택할 필요가 있습니다.

김주권   예. 감사합니다.

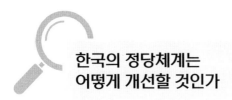

한국의 정당체계는
어떻게 개선할 것인가

김주권   이제 한국의 정당체계에 관해서 말씀해 주시지요.

루 소   한국의 과거 정당체계를 간단히 보면, 박정희, 전두환 정
부 등 권위주의 정부 시절에는 복수정당제의 외양을 띠
었으나, 사실상 집권당이 준패권 정당의 지위를 갖는 준
패권 정당체계였습니다. 1987년 민주화 이후 노태우 정
부 때에 소선거구 단순다수대표제를 취하였으나, 1노

3김의 지역주의가 강고하여 잠시 4당 체제를 갖게 되었고, 1990년 소위 3당 합당 이후엔 소선거구 단순다수대표제 하의 전형적인 정당체계인 양당제를 갖게 되었습니다. 즉 거대 양당+약간의 소수당 체제입니다. 이러한 양당제가 지금까지 계속되고 있지요.

김주권 양당제하의 한국 정치의 문제점은 무엇인가요?

루 소 양당제하에서는 기본적으로 두 개의 거대한 정당이 극단적으로 경쟁하는 양극화의 정치권을 갖기 때문에, 대화·타협·합의의 정치는 실종되고, 집권여당인 한쪽은 일방적으로 독주하고 제1야당인 다른 한쪽은 상대방의 발목잡기를 지속하여서 극한 대결의 진흙탕 싸움을 계속합니다. 이것이 요즘 한국 정치의 모습이지요. 그러다 보니, 국민은 두 쪽으로 분열하고, 정당정치는 난맥상에 빠져 안정적이고 효율적인 국정운영은 불가능하게 됩니다. 이제 한국은 이러한 정치적 양극화를 고착시키는 양당제를 벗어나서 독일과 같은 온건 다당제로 이행되어야 선진적인 정치가 가능합니다.

김주권 구체적으로 말씀해 주시지요.

루 소 한국이 독일과 같이 온건 다당제를 취하기를 권고합니다. 이를 위해서 첫째, 선거제도를 개선하여 이미 말씀드린 바와 같이 연동형 비례대표제를 취해야 합니다. 연동형 비례대표제는 기본적으로 비례대표제이므로 각 정당이 득표 비율에 비례하여 의석 수를 갖게 되므로 다당제가 되되, 소선거구 단순다수대표제와 연동되어 있으므로 인물 경쟁력이 강한 양대 정당(한국의 경우, 국민의힘과 더불어민주당)에 유리한 선거 결과가 산출되므로 결국 양당 중심적 온건 다당제로서 안정적인 정당 체제를 이룹니다. 주의할 것은 여기서 양당(중심적)이란 맏형격인 큰 몸집의 두 당에 있으나 선거 제도상 결코 과반의석을 점유하는 게 아니므로, 다른 당의 협력을 구하기 위하여 대화하고 타협하는 정당을 말합니다.

둘째, 연동형 선거제도 내용의 하나로서 봉쇄조항을 두어 5% 이상 득표나 3석 이상 지역구 당선을 낸 정당에만 의석이 배분되도록 하여 지나친 군소정당의 난립을 방지해야 합니다.

셋째, 현행 헌법 제8조 제4항과 같이 자유민주적인 기본질서를 부인·파괴하는 극우·극좌의 극단적 정당을 해산시키는 정당해산 제도를 존치해 타협을 배제하고 극단적인 투쟁만 하는 정당이 존립할 수 없게 합니다.

　넷째, 국회의원들이 정당 지도부의 눈치를 지나치게 보지 않고 국리민복의 차원에서 양심껏 의정활동을 할 수 있도록 정당공천제도를 개선하여서 민주적인 상향식 공천 절차를 법제화해야 합니다. 공천의 민주화는 이미 자세히 말씀드린 바와 같습니다.

김주권　감사합니다. 한국에서 선거제도의 개선을 통하여 독일처럼 양당 중심적인 온건 다당제가 정착하여 정치가 안정적인 바탕 위에서 대화·타협·합의에 의하여 이루어지고, 입법부와 행정부 간에 협치가 됨으로써 선진 통일 국가를 이루기를 소망합니다.

제5장 정부형태(통치구조)의 개선

**권력의 독점·독주를 막고,
입법부와 행정부 간 협치를 하도록 하자**

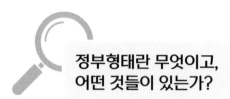

정부형태란 무엇이고, 어떤 것들이 있는가?

김주권　이제 정부형태에 관해서 말씀해 주시지요. 우선 정부형태가 무엇인가요?

루　소　정부형태 또는 통치구조란 국민을 대표하여 국정을 운영할 국가기관의 구성과 상호관계를 말합니다. 이는 삼권분립의 구체적 형태이기도 하지요. 입법부와 행정부와 사법부를 각각 어떻게 구성·조직하고, 위 세 개의 기관,

좁게는 입법부와 행정부와 관계를 어떻게 할 것인가의 문제입니다. 이러한 정부형태 또는 통치구조는 보통 대통령제, 의원내각제, 이원정부제의 세 종류로 분류하고 있지요.

김주권 각 정부형태에 관해서 말씀하기 전에, 그 기본적인 차이점에 관해서 말씀해 주시지요.

루 소 역사를 보면, 의원내각제는 영국에서 명예혁명 등 시민혁명을 통하여 역사적으로 형성·발전된 제도지요. 대통령제는 미국이 독립하면서 미국 헌법의 아버지들이 창안·발명한 제도입니다. 이원정부제는 독일에서 1차세계대전 후 군주정에서 공화정으로 바뀌면서 제정된 바이마르공화국의 헌법이 처음 채택한 제도입니다.

　세 가지의 정부형태 중 의원내각제와 대통령제가 기본적인 형태이고, 이원정부제는 이 두 제도를 혼합·절충한 형태라고 보겠습니다.

　기본적 정부형태인 의원내각제와 대통령제의 핵심적인 차이는 다음 그림과 같습니다.

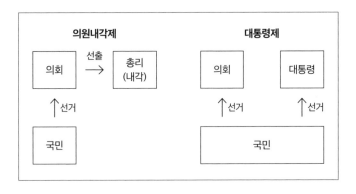

　　의원내각제에선 국민이 선거를 통해 의회를 구성하며,
의회가 총리를 선출하고 내각을 구성케 합니다. 의회가
총리·내각 등 행정부를 구성하고, 또 불신임할 수 있습
니다. 반대로 총리는 의회를 해산할 수 있는 권한이 있어
서 상호 견제합니다. 총리가 머리인 내각은 행정부의 수
뇌부이면서 마치 의회의 한 위원회처럼 의회와 밀접하게
공화·협력관계에 있습니다. 행정권은 총리가 머리인 내
각이 집단으로 보유합니다.

　　대통령제는 이와 다릅니다. 국민이 선거를 통하여 의
회를 구성합니다. 그리고, 또 국민은 다른 선거를 통하여
대통령을 뽑습니다. 대통령 한 사람이 행정권을 독점합
니다. 내각은 없고 장관들은 대통령의 보좌기관일 뿐입
니다. 의회가 아니라, 국민이 선거를 통하여 대통령을 뽑

고, 의회는 대통령에 관한 불신임권이 없습니다. 대통령은 특별한 탄핵 사유가 없는 한, 의회의 신임 여부와 관계없이 원칙적으로 임기가 보장됩니다. 반면에 대통령에게 의회 해산권이 없습니다. 의회와 대통령(행정부)은 엄격히 분립되어 있고, 상호 견제와 균형을 유지합니다.

이원정부제는 대통령과 의원내각제가 혼합된 절충형 정부형태입니다. 그림으로 그리면 다음과 같습니다.

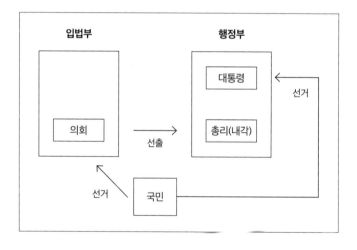

이원정부제는 행정부가 대통령과 총리(내각)로, 즉 이원적으로 구성되기 때문에 이원정부제라고 합니다. 국민이 선거를 통하여 의회를 구성합니다. 또 국민은 다른 선거를 통하여 대통령을 선출합니다. 이는 대통령제와 같습니다. 그리고, 의회가 총리를 선출하면 총리가 내각을 구성하는데, 이는 의원내각제와 같습니다. 의원내각제처럼 내각과 의회는 밀접하게 공화 및 협력관계에 있습니다. 의회는 총리(내각)를 불신임할 수 있고, 총리는 대통령에게 의회 해산을 요청할 수 있으며, 대통령이 이를 수용하여 의회를 해산할 수 있습니다.

이상이 3가지 정부형태의 핵심적인 운영원리, 기본적인 차이입니다.

김주권　고맙습니다. 이제 3가지 정부형태에 대하여 하나씩 말씀해 주시지요. 우선 대통령제부터 말씀해 주시지요.

대통령제는
어떤 정부형태인가?

루 소 말씀드린 바와 같이 대통령제는 미국 건국 때 헌법의 아
버지들이 발명(창안)한 정부형태입니다. 먼저 기본 운영
원리를 의원내각제와 비교하면서 설명하겠습니다.

첫째, 행정부의 구성권이 어디 있느냐? 의원내각제에
선 의회가 총리를 선임하여 내각을 구성케 합니다. 즉 국
민(선거)→ 의회(선출)→ 총리(내각)가 되겠습니다. 따라서,
의회의 과반의석을 차지한 정당이나 정당 연합의 수장이

총리로 선임되어 내각을 구성하고 행정부를 이끕니다. 반면, 대통령제에선 국민이 선거를 통하여 대통령을 선출합니다. 즉 국민은 의회의 의원을 뽑는 선거와 별도로 선거를 다시 해서 대통령을 뽑습니다. 즉, 국민(선거)→의회, 국민(선거)→대통령이 되겠습니다.

둘째, 의회에 행정부의 불신임 권한이 있느냐입니다. 의원내각제에선 의회가 총리(내각)를 불신임할 수 있는 권한이 있습니다. 그러나, 대통령제에선 의회에 대통령을 불신임할 수 있는 권한이 없고, 아주 예외적으로 대통령이 중대한 위헌·위법을 저질렀을 때 탄핵을 할 수 있을 뿐입니다. 대통령은 의회 신임과 관계없이 임기가 보장됩니다.

셋째, 의회의 행정부 불신임에 대응하여 행정부가 의회를 해산할 수 있는 권한이 있느냐의 문제입니다. 의원내각제에선 총리가 국가원수를 통하여 의회를 해산할 권한이 있습니다. 그러나, 대통령제에선 대통령에게 의회를 해산할 권한이 없습니다.

넷째, 행정부의 임기가 있느냐의 문제입니다. 의원내각제에서는 총리(내각)의 임기가 없습니다. 의회로부터 불신임당하지 않는 한, 총리를 뽑은 의회의 임기가 끝날

때, 총리도 임기가 끝납니다. 선거를 통하여 새 의회가 구성되면 그 의회가 총리를 선출합니다. 총리는 연임에 제한 받지 않고, 의회의 선출에 의하여 계속 연임할 수 있습니다. 대통령제에서는 대통령의 임기가 보장되어 있으나, 연임은 제한됩니다. 미국의 경우 대통령의 임기는 4년이고, 한 번 더 연임이 가능합니다.

다섯째, 의원내각제에선 총리가 이끄는 내각은 행정부의 수뇌부일 뿐만 아니라, 의회의 한 위원회처럼 의회와 아주 밀접한 관계, 즉 공화·협력관계에 있습니다. 따라서 의원의 장관겸직도 허용됩니다. 총리 등 장관은 의회에 거의 상시로 출석하여 의원의 질의에 답변하는 등 국정을 토론합니다. 그러나, 대통령제에선 의회와 행정부가 엄격하게 분립되어 있고, 또 상호 견제와 균형이 핵심적으로 작용합니다, 의원의 장관겸직도 허용되지 않습니다.

여섯째, 행정부의 내부 조직입니다. 의원내각제에선 형식적·의례적 지위인 국가원수(대통령, 왕)가 있고, 또 총리(내각)가 있어서 형식적으로 이원적 구성이나, 실질적인 행정권은 총리를 수장으로 하는 내각에 있습니다. 총리와 내각이 국정을 끌어갑니다. 이 경우 총리의 지위가 강화되고 있지만, 법적으로는 내각의 집단지도체제입니다. 대통령제는 이와 다릅니다. 행정부에서 대통령 1인이 행정권을 독점합니다. 장관 등은 대통령의 참모, 즉 보좌 기관일 뿐입니다. 대통령 1인 지배체제라 하겠습니다.

일곱째, 행정부의 구성에 몇 개의 정당이 참여하느냐의 문제입니다. 의원내각제에선, 영국과 같은 1개 정당이 과반의석을 차지하는 양당제 국가에서는 과반의석을 차지한 1개 정당의 수장이 총리로 뽑히고 내각을 구성합니다. 즉 1개 정당, 단독정당의 내각이 구성됩니다. 독일처럼 다당제 국가에선 두 개 이상의 정당이 연합하여 연립내각(연정)을 구성합니다. 의원내각제에선 후자의 경우, 즉 연립내각이 통상의 모습입니다. 따라서, 한 개의 정당이 행정권을 독점하지 못합니다. 총리의 집권당은 연합한 다른 정당과 의회에서의 협력은 물론이고, 내각의 구성·운영 등에서도 협력하지 않을 수 없습니다. 반면에, 대통령제의 경우를 보면, 1개 정당의 대통령 후보가 당선되어 그가 행정권을 장악합니다. 따라서, 대통령 소속의 1개 정당이 행정권을 독점하는 게 보통의 모습입니다.

요약하면, 의원내각제에선, 특히 다당제 국가에선 복수정당 간의 연립내각(연정)이 성립되어서 그 복수정당이 함께 행정권을 행사하는 게 보통인 반면에, 대통령제에선, 특히 양당제 국가에선 대통령 소속의 1개 정당이 행정권을 독점하는 게 보통입니다.

여덟째, 여소야대의 분점(분할) 정부가 출현할 가능성 유무입니다. 의원내각제에선 의회의 과반의석을 점유하는 정당 혹은 정당 연합의 수장이 총리로 선임되어서 내각을 구성하고 행정부를 이끎으로, 항상 의회에서 과반의석을 점유하는 정당(연합)과 총리 소속의 정당이 일치합니다. 따라서 총리 소속의 집권당 이외의 야당이 의회를 장악하는 일이 거의 없습니다. 위처럼 한 개 정당(연합), 즉 같은 정당(연합)이 의회와 내각을 모두 차지하게 되어 있으므로, 의회와 행정부가 국정운영에 있어서 엇박자를 놓는 경우가 없습니다. 혹시 그런 경우가 발생하게 되면, 의회의 총리(내각) 불신임제와 총리의 의회 해산제에 의하여 내각불신임과 의회 해산이 진행된 후 총선을 다시 실시하여서 새로이 의회와 내각을 구성힘으로써 양자 간의 교착 관계를 해소할 수 있습니다. 따라서, 여소야대의 분점 정부(분할정부)가 발생할 여지가 없고, 같은 정당이 의회와 내각을 지배하여 국정운영의 박자를 맞추게 됩니다. 반면에 대통령제에선 의원선거(총

선)와 대통령선거(대선)가 별도로 실시되므로, 예컨대, 총
선에선 A 정당이 의회의 과반의석을 차지하고, 대선에
서는 B 정당의 후보가 대통령에 당선되는 경우가 발생합
니다. 결국 의회는 A 정당, 대통령(행정부)은 B 정당이 장
악하게 되는 여소야대의 분점 정부(분할정부)가 발생합니
다. 이 경우 야당 지배의 의회와 집권당의 대통령(행정부)
이 인사와 정책 등에서 충돌하게 되면, 입법 등 국정운영
이 교착상태에 빠지게 되고 정치가 불안정하게 됩니다.

김주권 위처럼 비교하여 설명해 주시니, 대통령제의 기본 운영
원리가 잘 이해됩니다, 요약하면, 대통령제는 입법부와
행정부 간의 엄격한 분립과 상호·견제에 중점이 있고, 의
원내각제는 의회와 내각 간 성립·존속상의 상호 의존, 국
정운영에 있어서 협력·공화 관계에 중점이 있군요.

　그럼, 이제 대통령제의 장점과 단점에 관해서 말씀해
주시지요. 우선 장점에 관해서 말씀해 주시지요.

루 소 대통령제의 장점은 대통령 1인이 법으로 보장된 임기 동
안 행정권을 행사하므로 비교적 국정운영, 특히 행정이
안정적으로 이루어진다는 점입니다. 대통령의 권력이 군

주처럼 강대하므로 통치자는 혼자서 강한 권력을 장악하려는 욕심으로 대통령제를 선호합니다.

김주권   대통령제의 단점은 어떤가요?

루 소   크게 두 가지입니다.

첫째, 대통령이 독재자가 될 위험이 있습니다. 치명적인 약점이지요. 대통령제의 모국인 미국에서도 닉슨 대통령 시절에 제왕적 대통령제라는 별명이 붙었고, 한국에서도 대통령의 지위가 제왕과 같다고 하여서 제왕적 대통령제라는 말이 많이 사용되지요. 프랑스 정치학자 듀베르제는 대통령제를 준군주제라고 하였는데, 대통령제의 타당한 별칭입니다.

대통령은 군주국가의 군주에 준하는 권력을 행사하지요. 그리고 행정부 내에는 대통령의 이처럼 막강한 권력 행사를 견제할 사람이 없습니다. 장관들은 모두 대통령의 참모, 즉 보좌관들이지요. 대통령이 장관에 관한 임명권과 해임권을 갖고 있으니 장관이 대통령의 권한 남용을 견제하는 것은 사실상 불가능합니다.

또 대통령은 장관 등 행정부 내의 모든 공무원 임명권

을 가지고 있고, 비록 의회의 동의를 받아야 할 경우도 있지만 대법원장 등 판사 임명권을 가지고 있습니다. 그 뿐 아니라, 검찰, 경찰, 정보기관, 국세청, 감사원 등 권력기관의 인사권을 가지고 있습니다. 한국의 경우 국가 예산을 편성하고, 법률안을 입안하여서 직접 혹은 집권 여당을 통하여 의회에 제출할 수 있고, 또 의회가 통과시킨 법률안을 거부할 수 있는 법률안거부권도 있습니다. 사면권이 있습니다.

국가를 대표하여 외국과 조약을 체결하는 권한, 외교관을 파견하는 권한이 있으며, 국군통수권도 있습니다. 대통령이 행정권의 수반으로서 막강한 권력을 행사할 뿐만 아니라, 국가원수로서 권위도 갖고 있습니다. 권력과 권위를 모두 갖게 되어 군주제의 군주처럼 군림하지요. 더구나 현대국가에서 경제성장, 복지 등 행정수요가 폭증하다 보니 대통령의 권한은 점점 강화·확대되고 있습니다.

대통령제하에선 이와 같은 막강한 권력을 의원내각제처럼 내각이 집단으로 행사하는 것이 아니라, 대통령 1인이 행사합니다. 앞서 말한 대로, 군주에 준하는 권력입니다. 이렇다 보니 통치자들이 대통령제를 선호하고, 정치인은 대통령이 되고자 수단·방법을 가리지 않습니다. 이들을 대통령병에 걸린 사람이라고 하지요. 결국 대통령제 국가는 독재국가로 전락하고 맙니다. 가까이 보면, 한국의 헌정사가 이를 여실히 보여주고 있습니다.

김주권   미국의 경우 대통령이 독재자가 되지 않는데, 이유가 있나요?

루 소   미국의 경우는 특수한 경우입니다. 우선 미국은 연방국가이므로 각 주가 내정에 관한 많은 권한을 갖고 있습니다. 헌법상 연방정부의 권한은 각 주가 위임한 것에 국한됩니다. 뿐더러, 미국 대법원의 권한이 막강하고 독립성이 절대적으로 보장되어서, 행정부의 권한 남용을 억제합니다. 또 미국은 언론의 자유가 크게 보장되어 언론매체의 정부 활동에 관한 비판이 엄정합니다. 이러한 특수한 제도와 여건이 있다 보니 미국 대통령이 독재화되기는 어렵지요. 그럼에도 불구하고, 이러한 미국에서조차도 대통령의 권한이 헌법 규정을 넘어서 갈수록 강화되고 있으므로, 대통령제를 제왕적 대통령제라 하여 많은 비판을 하고 있습니다, 또 미국도 요즘 정치의 양극화로 국민이 분열하는 등 몸살을 앓고 있지요. 이것도 대통령제가 양당제와 결합하여 생긴 정치 병폐이지요. 뿐더러 세계 정치사를 보면, 미국 이외의 국가 중 대통령제를 채택한 국가들은 거의 예외 없이 독재국가로 전락하였습니다.

　덧붙여 말씀드리면, 대통령선거는 전국 단위의 단순다수대표제로 이루어집니다. 즉 단 1표라도 더 많은 후보가 대통령으로 당선되고, 그가 혼자서 위와 같은 막강한 대통령의 권력을 행사합니다. 선거에서 단 1표 차이로 떨어진 후보나 그 소속 정당에는 어떤 권력도 주어지지 않습니다. 즉 승자가 독식하는 시스템, 승자독식이지요. 이렇다 보니, 모든 정당, 모든 정치인이 어떻게 하든 대통령에 당선되려고 수단·방법을 가리지 않아 극단적 대결의 정치가 펼쳐지고, 그 와중에 국민도 분열되는 등 정치 양극화가 이루어집니다. 낙선한 쪽은 다음에 당선되기 위하여 당선자가 행하는 모든 정책을 무조건, 맹목적으로 흠집 내고 반대하여 국정을 파탄에 빠뜨리려고 합니다. 정치가 아주 살벌하고, 국가 운영은 혼란 속에 빠집니다. 이와 같은 대통령제의 승자독식 시스템이 소선거구 단순다수대표제의 선거제도 및 거대 양당의 정당 체제와 결합하게 되면, 그 폐단이 증폭되어서 나라가 망할 정도로 국가와 국민이 분열됩니다. 요즘 한국은 물론이고, 대통령제의 모국이자 정치 선진국이라 하는 미국에서도 이와 같은 정치의 양극화로 국가사회가 병들고 있습니다.

김주권 결국 대통령제의 첫 번째 단점은 준군주적 제왕적 대통령의 독재와 승자독식에 의한 정치 양극화로 귀결되는 것이네요. 그럼 대통령의 두 가지 단점 중 나머지 단점은 무엇인가요?

루 소 여소야대의 분할정부(분점 정부)로 인한 국정 교착입니다. 앞에서 말씀드렸습니다. 대통령제에서 제도상 분점 정부(분할정부)가 출현합니다. 예컨대, 의원선거(총선)에선 A 정당이 다수 의석을 차지하여 의회를 장악하고, 대통령선거(대선)에선 B 정당의 후보가 당선되어서 대통령이 되면, 결국 의회를 장악한 정당과 대통령 소속의 집권 정당이 불일치하게 되는 분점 정부(분할정부)가 출현하게 되지요. 즉 여소야대의 의회와 집권 여당의 대통령이 따로따로 놀게 됩니다. 이 경우 야당이 지배하는 의회는 집권 여당의 대통령을 다음 선거에서 낙선시키기 위해서 무조건 그 정책에 반대하고 발목을 잡습니다. 대통령이 잘못해야 다음 대선에서 자기들에게 기회가 오기 때문이지요. 이리하여 야당이 지배하는 의회와 대통령이 사사건건 대립하고 싸우게 되고, 입법 등 국정운영은 상호 충돌로 인한 교착상태에 빠지게 됩니다. 대통령제에선 의원내각제처럼 내각불신임·의회 해산제가 없다 보니 위와 같은 교착상태를 해결한 제도조차 없습니다.

김주권 잘 알겠습니다. 대통령제는 위와 같은 두 가지의 치명적인 약점이 있군요. 특히 대통령제는 준군주제로서 대통령이 독재자나 왕처럼 막강한 권력을 행사하게 되어 독재와 폭정에 빠질 수 있음을 알게 되었습니다.

루 소 그렇다 보니, 세계의 많은 국가, 특히 선진국들은 대통령제가 아니라 의원내각제를 채택하고 있지요. 한국도 이제 민주주의의 성숙을 위하여, 다수제 민주주의에서 합의제 민주주의로 전환(발전)할 필요가 요청되는데, 이 경우 현재의 대통령제를 어떻게 개선할 것인가를 깊이 고민해야 합니다.

의원내각제는
어떤 정부형태인가?

김주권   이제 의원내각제에 관해서 말씀해 주시지요.

루 소   의원내각제의 기본적 운영원리는 대통령제를 설명힐 때
두 가지 정부형태를 비교하면서 이미 자세히 말씀드렸으
니 참고하면 되겠습니다. 의원내각제는 의회가 총리(내
각)를 선출하고, 입법부와 행정부가 성립·존속상 상호 의
존관계에 있으며, 국정운영에 있어서 양자가 공화·협력

관계에 있다는 것이 핵심이라 하겠습니다.

김주권 의원내각제의 장점은 무엇인가요?

루 소 의원내각제의 장점은 첫째, 국정운영에 관한 국민의 통
제가 의회를 통하여 상시적으로 이루어진다는 것입니다.
의원내각제에선 국민이 선거로 의회를 구성하고, 의회는
총리를 선출하여 내각을 구성케 하지요. 그리고, 의회는
총리(내각)가 국정을 잘못하면 국민 여론을 반영하여 언
제든지 총리(내각)를 불신임하고, 새 총리(내각)를 뽑을 수
있습니다. 반면 대통령제에선 대통령의 임기가 법적으로
보장되고, 의회의 대통령 불신임 권한이 인정되지 않으
므로, 대통령이 권한을 남용하여 독재하거나 실정을 하
더라도, 다음 대통령선거 때까지 기다렸다가 낙선시키는
방법밖에 없습니다.
　의원내각제의 두 번째 장점은 만약 의회와 총리(내각)
간에 국정에 관하여 충돌이 생겨서 교착상태에 빠지면,
의회는 총리(내각)를 불신임하고 총리는 의회를 해산하여
의원 선거(총선)를 다시 실시함으로써 새로이 의회가 구
성되고, 이 새 의회가 새 총리를 선출하여서 내각을 구성

케 합니다. 즉 국민의 총선거에 의하여 새 의회, 새 내각이 성립함으로써 국정 교착상태가 해소될 수 있습니다. 즉 국정 교착 시 이를 해결(해소)할 시스템이 있습니다.

의원내각제의 세 번째 장점은 의회에서 과반의석을 점유하는 정당이나 정당 연합의 수장이 총리로 선출되므로, 의회의 다수당과 총리(내각)의 소속 정당이 항상 일치함으로써 소위 대통령제와 같은 여소야대의 분점 정부가 원칙적으로 성립할 여지가 없습니다. 그러므로, 야당 지배의 의회와 집권당의 행정부가 대립·충돌하는 사태가 발생할 여지가 없습니다. 총리는 의회 내 과반의석을 차지한 정당(연합)의 수장으로서 정책을 입법화하는 데 장애가 없습니다. 즉 입법부와 행정부 간 협치가 제도적으로 보장됩니다.

의원내각제에 이와 같은 장점들이 있기 때문에, 세계의 민주국가들을 보면, 대통령제를 선택한 국가보다 의원내각제를 선택한 국가가 훨씬 많습니다.

김주권　의원내각제의 단점은 무엇인가요?

루　소　의원내각제의 단점은 의회가 총리(내각) 불신임의 권한을 남용하는 경우입니다. 즉 의회가 너무나 자주 총리(내각)를 불신임 의결하면, 총리(내각)가 안정적으로 국정을 끌고 갈 수 없습니다. 정치와 국정운영이 불안정하고 혼란스럽게 되지요. 제2차세계대전 이전 프랑스, 이태리 등 많은 의원내각제 국가들이 이 때문에 정치적 곤경을 겪었고 국민의 불신과 우려를 샀습니다. 의회가 총리(내각) 불신임권을 너무나 남용하여 내각의 평균 수명이 6개월도 되지 않을 정도였습니다. 그렇다 보니, 국정운영이 원활히 되지 않았습니다. 총리가 의회의 총리(내각) 불신임에 대항하여 의회를 해산할 수 있는데, 이 역시 남용하여 의회의 총리(내각) 불신임과 총리의 의회 해산이 서로 꼬리를 잇는 악순환에 빠지면, 국정운영은 파탄에 빠질 수밖에 없습니다.

김주권 제2차세계대전 이후 의원내각제를 채택한 유럽 각 국가에서 이러한 의원내각제의 문제점을 개선하기 위한 제도 개혁이 있었습니다. 이에 관해서 설명해 주시지요.

루 소 대표적으로 독일과 프랑스가 있습니다. 프랑스의 경우는 종래 제3, 제4 공화국의 의원내각제에 대통령제를 혼합한 이원정부제 헌법(드골 헌법)을 제정하여서 이를 해결하였지요. 이에 관해선 뒤에 말씀드리지요. 프랑스는 이처럼 의원내각제에서 이원정부제로 전환한 사례입니다. 제도개혁을 통하여 안정적인 의원내각제를 만든 대표적인 국가는 독일입니다.

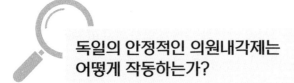

독일의 안정적인 의원내각제는
어떻게 작동하는가?

김주권　독일의 안정적인 의원내각제에 관해서 구체적으로 설명
해 주시지요.

루　소　독일은 제1차세계대전에서 패전한 후, 1919년 종래의 군
주국에서 공화국으로 전환하면서 바이마르 헌법을 만들
었습니다. 바이마르 헌법은 이원정부제를 채택하였습니
다. 이원정부제에서 총리(내각)와 의회가 의원내각제적

으로 일상적인 국정을 운영하도록 제도적 틀이 되어 있는바, 앞에서 말한 바와 같이, 의회가 총리(내각) 불신임권을 남용하여 총리(내각)가 아주 단명하여서 정치적 혼란과 불안정의 늪에 빠졌지요. 그러다 보니, 대통령이 비상대권을 행사하여 의회 제정의 법률 대신 긴급명령으로 통치하고, 내각은 이에 의존하는 기형적인 형태가 되었다가, 결국에는 히틀러의 악명 높은 전체주의 통치에 빠지게 되었지요.

그래서 1945년 2차세계대전이 독일의 패전으로 끝난 후, 동·서독으로 분단되었는데, 서독은 자유민주주의 국가로서 새 헌법(기본법이라고 함)을 제정하였습니다. 이 서독의 새 헌법(기본법)은 의원내각제를 채택하되, 불안정한 요소를 제거하기 위한 제도개혁을 하였습니다. 구체적으로 보면,

첫째, 총리에 관한 건설적 불신임제의 도입

둘째, 의회 해산 사유의 제한

셋째, 연동형 비례대표제에 의한 안정적 다당제의 채택이 제도개혁의 핵심적 내용입니다.

김주권　셋째의 연동형 비례대표제와 안정적인 다당체제는 앞에

서 선거제도와 정당 체제에 관해서 말씀하실 때 자세히 설명하셨으니, 여기에선 첫째와 둘째에 관해서 말씀해 주시지요.

루 소 먼저 총리에 관한 건설적 불신임제에 관해서 말씀드립니다. 기본법 제67조에 규정되어 있습니다. 의회가 총리에 대하여 불신임결의를 하려면 먼저 후임 총리를 선출해야 합니다. 의회 내 야당들이 현 총리에 대하여 불신임결의를 하는 데에는 의기투합할 수 있으나, 그 후임 총리의 선임에 관해선 각각의 정치적 이해관계가 달라서 합의에 이르지 못합니다. 따라서 결국 총리 불신임결의는 불가능하게 되고, 의회에 의한 총리 불신임의 남발로 인한 국정 불안정이 방지됩니다. 이를 건설적 불신임제라고 합니다. 독일의 독특한 제도인바, 이로써 총리(내각)의 단명과 잦은 정부 교체라는 의원내각제의 불안정 요소가 제거되지요.

둘째, 행정부에 의한 의회 해산의 제한입니다. 독일의 경우 총리가 대통령에게 의회 해산을 요청하면 대통령은 의회를 해산하게 됩니다. 형식상 대통령이 의회를 해산하는 모양이나, 실질적으로는 총리가 의회 해산을 결정합니다. 그런데, 이러한 의회 해산이 두 가지 경우로만 제한됩니다.

우선, 총리 선임 절차와 관련되는 경우입니다. 의회가 총리를 선출하는데, 통상 과반의석을 점유하는 정당이나 정당 연합의 수장이 총리로 선출되고, 대통령은 이를 그대로 임명합니다. 그런데, 경우에 따라 의회 내 과반의석을 점유하지 못한 정당(연합)의 수장이 총리로 선임되어, 내각을 구성케 되는데, 소위 소수파 내각입니다. 의회 내 과반의석을 확보하지 못한 불안정한 내각입니다. 이 경우 대통령은 소수파 내각을 그대로 인정하거나 아니면 의회를 해산한 후 총선을 새로이 실시하여서 다수파 내각을 구성할 수 있습니다. 의회를 해산할 수 있는 첫 번째 경우(사유)입니다.

다음, 총리의 신임투표 요구제와 관련됩니다. 독일에선 의회가 총리를 불신임할 수 있을 뿐만 아니라, 총리가 의회에 대하여 자신에 관한 신임투표를 요구할 수 있는 제도가 있습니다. 기본법 제68조에 규정되어 있습니다. 이때 의회가 과반수 의결로써 총리를 신임하면 총리(내각)는 의회의 정치적 신임을 얻게 됨으로써 정치적 추동력을 가지고 국정을 수행할 수 있게 됩니다. 그런데, 만약에 의회에서 과반수 의결에 의한 신임을 받지 못하면, 즉 신임투표가 부결되면 세 가지 진로 중 하나로 나아가게 됩니다. ①총리가 의회 과반 의원의 지지를 받지 못하는 소수파 내각을 이끌기 어렵다고 판단되면, 대통령에게 의회 해산을 요청할 수 있습니다. 이에 대통령이 의회를 해산하고 새로이 총선을 실시하여서 새 의회를 구성하고 총리를 뽑게 됩니다. 이것이 의회를 해산할 수 있는 두 번째 경우(사유)입니다. ②총리가 대통령에게 의회 해산을 요청하지 않고 총리 자리에 그대로 있으면서 내각을 이끌 수도 있습니다[이때 의회 과반 의석의 지지를 받지 못하는 소수파 정부로 인한 입법 교착을 피하기 위해, 대통령은 상원 격인 연방참사원의 동의를 얻어 입법긴급사태를 선포할 수 있으며 그렇게 되면 6개월 동안은 의회 대신에 연방참사원이 법률을 제정할 수 있습니다(기본법 제81조).]. ③대통령이 의회를 해산하기 전에 의회가 먼저 새 총리를 선임하여 현 총리를 불신임 의결할 수 있습니다(건설적 불신임제).

이처럼 독일에선 총리가 대통령을 통하여 의회를 해산할 수 있는 경우가 두 가지로 제한되어 있기 때문에 빈번한 의회 해산으로 인한 국정 혼란을 방지하고 있습니다.

김주권 자세한 설명을 해주셔서 감사합니다. 말이 나온 김에 독일의 헌정 체제에 대하여 종합적으로 말씀해 주시지요.

루　소 그럼, 독일의 헌정 체제에 대하여 종합적으로 정리해보겠습니다. 바이마르공화국 말기에 여소야대의 소수파 내각이 자주 등장하다 보니, 의회(야당)의 총리(내각) 불신임 결의의 남발로 인하여 국정이 혼란하고 불안정하였습니다. 결국 바이마르헌정 체제는 히틀러의 나치 독재로 추락하였지요. 독일(서독)은 2차세계대전 이후 이를 교훈 삼아서 헌정 체제를 대대적으로 개혁하였습니다.

　첫째, 선거제도의 개혁입니다. 종래의 비례대표제 대신에 연동형 비례대표제를 선택하였습니다. 후보 공천은 지역당원의 투표로 결정됩니다. 연동형 비례대표제로 인하여 정당 체제는 극단적인 다당제에서 온건 다당제로 정착되고, 정당 간 연합정치가 활성화되어, 독일은 정당 간 연합에 의한 연립내각(연정)이 뿌리내렸습니다. 연동형 비례대표제의 선거제도로 의하여 맘형격인 두 개의 큰 정당(기민당과 사민당)도 30% 또는 40% 내외의 의석은 획득할 수 있으나 과반수 의석은 획득하기 어렵습니다. 결국 의회 내 과반의석의 지지를 확보하려면 다른 정당의 협력을 얻어야 하고, 이를 위하여 대화·타협·합의의 정치를 아니 할 수 없습니다. 제도적으로 그렇게 유인·강제하는 것입니다. 그러다 보니, 정당 간 극한적인 권력 싸움이 사라지고, 대화의 정치가 안정적이고 효율적인 국정운영으로 연결됩니다.

둘째, 행정부는 총리가 수장이 되어서 내각 중심으로 운영됩니다. 총리가 국정운영의 중심입니다. 따라서, 독일 헌정 체제를 총리 민주주의라고 부르기도 합니다.

셋째, 의회의 총리 불신임이 제한됩니다. 앞에서 본 건설적 불신임제가 그것입니다. 또, 총리가 먼저 의회에 대하여 자신에 관한 신임투표를 요구할 수 있는 제도가 있습니다. 이러한 신임투표 요구는 특정 법안의 통과와 연계하여서 요구할 수도 있습니다. 앞에서 말씀드린 바와 같이 신임투표가 부결되면 의회 해산으로 연결될 수도 있어서, 의회(야당)로서는 정치적·정파적 이유로 무조건 총리에 관한 신임투표를 부결시킬 수 없습니다.

넷째, 의회 해산은 앞에서 본 바와 같이 두 경우(사유)로 제한됩니다. 의회 해산의 제한은 총리에 관한 건설적 불신임제도와 함께 국정의 안정을 담보하는 제도입니다.

다섯째, 독일은 16개 주로 구성된 연방국가입니다. 주의 권익을 옹호하기 위하여 상원 격인 연방참사원이 있습니다. 연방참사원은 각 주의 대표자로 구성되는데, 선거로 뽑지 않고 주의 총리나 장관이 대표자가 됩니다. 주의 권익과 관련된 법안은 연방의회를 통과한 후 연방참사원의 동의를 받아야 합니다. 이는 전체 법률의 약 40%에 해당합니다. 이처럼 독일은 연방국가이므로 입법부·행정부·사법부의 수평적 권력 분산 이외에 연방과 주 간의 수직적 권력 분산도 되어 있기 때문에 권력의 남용이 방지됩니다. 뿐만 아니라, 지방 분권이 확실히 보장되어 지방정치, 지방경제가 활성화되어 있습니다.

여섯째, 독일은 히틀러의 나치 전체주의로 인하여 자유민주주의 파괴라는 참담한 경험을 하였기 때문에 2차 세계대전 이후 이로부터 정치적 교훈을 얻었고, 이를 방지하기 위한 제도를 구축하였습니다. 즉 자유민주주의를 보호하기 위한 제도적 장치를 마련하였습니다. 구체적으로 보면, ①자유민주적 기본질서를 침해히기거나 파괴하는 정당을 해산시킬 수 있는 위헌정당해산 제도, ②소수파 내각이 성립한 경우, 입법 교착을 방지하기 위하여 대통령이 입법 긴급사태를 선포하여서 의회 대신 연방참사원이 한시적(6개월)으로 입법권을 행사할 수 있는 제도,

③국가비상상태 등 국가 위기를 대비하기 위한 국가긴급사태법, ④국민의 인권을 압살하는 등 폭정을 하는 정부에 관한 국민의 저항권 등을 인정하고 있습니다.

독일은 2차세계대전 이후 위와 같은 제도개혁으로, 특히 연동형 비례대표제와 의회의 총리에 관한 건설적 불신임제를 갖춘 안정적인 의원내각제를 기초로 하여, 국정이 대단히 민주적·안정적·효율적으로 운영되고 있으며, 유럽 연합(EU)의 지도적 국가로서 우뚝 서고, 동·서독의 통일까지 이뤘습니다. 말하자면 정치제도의 개혁으로 유럽의 1등 국가가 되었지요. 한국이 헌정 체제를 개혁할 때 반드시 참고할 좋은 사례라고 말씀드리고 싶습니다.

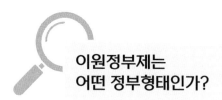

이원정부제는
어떤 정부형태인가?

김주권 독일의 안정적인 의원내각제를 자세히 설명해 주셨습니다. 이제 이원정부제에 관해서 말씀해 주시지요.

루 소 이원정부제는 혼합 정부제(대통령제+의원내각제), 반(半) 대통령제, 분권형 대통령제라고도 합니다. 이원정부제는 1919년 독일의 바이마르 헌법이 처음 채택한 이래, 오늘날에는 프랑스 5공화국 헌법(드골 헌법), 핀란드 헌법, 오스트리아 헌법 등이 채택하고 있습니다.

김주권　이원정부제의 기본적 운영원리와 특징은 어떤가요?

루 소　이원정부제는 대통령제와 의원내각제를 혼합한 유형입
니다. 그림으로 그려봅니다.

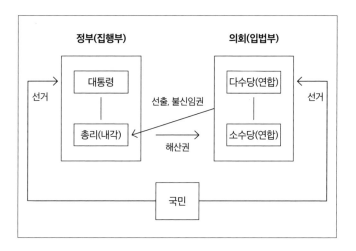

　국민이 직접선거로 대통령을 뽑습니다. 대통령은 형식
적·의례적 권한이 아니라 실질적인 권한을 갖고 있어서
이 점에서 대통령제의 대통령과 같습니다. 과반의석의
다수당(연합)의 수장이 의회에서 총리로 선출되어서 내

각을 구성합니다. 의회는 총리(내각)에 관한 불신임권이 있고, 총리는 대통령을 통하여 의회를 해산할 수 있습니다. 내각은 행정부의 핵심기구이면서 의회의 한 위원회처럼 의회와 밀접한 관계, 즉 공화·협력의 관계에 있습니다. 이 점에서 의원내각제와 같습니다. 이처럼 이원정부제는 대통령제와 의원내각제가 혼합되어 있는 정부형태입니다.

김주권 그러면 행정부(집행부)는 국민이 직선한 대통령과 의회가 선출한 총리(내각)로 구성되어 있네요.

루 소 그렇습니다. 행정부가 대통령과 총리(내각)의 이원 체제로 되어 있어서 그 명칭이 이원정부제입니다. 양두제라고도 하지요.

김주권 그럼, 대통령과 총리(내각)는 권한을 어떻게 나눠 갖는가요?

루 소 구체적인 권한 배분은 국가에 따라 다릅니다. 크게 보아서 대통령 우월적인 국가가 있고, 총리 우월적인 국가가 있습니다. 또 대통령과 총리가 균형 관계에 있는 국가도 있습니다. 프랑스는 대통령 우월형이고, 핀란드는 총리 우월형이라고 합니다.

그리고, 보통 대통령은 외교·국방 등 외치에 관한 권한을 갖고, 총리(내각)는 경제·사회·문화 등 내치에 관한 권한을 갖는다고 합니다. 대통령은 국가 위기 시 비상대권을 갖고 있으며, 평상시에는 총리(내각) 중심의 국정운영이 예상되지요.

김주권　그럼, 이원정부제의 실제 운영은 어떠한가요?

루　소　프랑스의 예를 들어봅시다. 프랑스의 헌정사를 보면, 총선에서 대통령 소속의 여당(연합)이 과반의석을 차지하여 여당(연합) 출신의 총리가 선출되면, 대통령 중심의, 즉 대통령제처럼 국정이 운영됩니다. 반면에, 총선에서 대통령의 여당이 패배하고 야당(연합)이 승리하여 과반의석을 차지하면 야당 출신의 총리가 선출되어 여당의 대통령과 야당의 총리(내각)가 동거하는 소위 동거정부가 성립합니다. 이 경우엔 총리 중심의, 즉 의원내각제적으로 국정이 운영되어 왔습니다.

요약하면, 의회가 여대야소의 경우에는 대통령제처럼, 반면에 의회가 여소야대인 경우에는 의원내각제처럼 운영되었습니다. 결국 실제에 있어선 의회의 의석 분포에 따라서 한 가지 정부형태로 운영되었던 것이지요.

김주권 잘 알겠습니다. 이원정부제의 장점은 무엇인가요?

루 소 국가 위기 시에는 대통령이 비상대권 등 강력한 권한을 행사하여 위기를 극복하고, 평상시에는 총리(내각)와 의회가 중심이 되어 민주적으로 국정운영이 이루어지는 장점이 있다고 봅니다. 또 대통령이 갖고 있는 막강한 권한을 총리(내각)와 나눠 가짐으로써 대통령의 권력남용과 독재를 방지할 수 있습니다. 그래서 한국에서 이를 분권형 대통령제라 하며 제왕적 대통령제의 대안으로서 선호하는 분들이 많이 있지요.

김주권 이원정부제의 단점은 무엇인가요?

루 소 이원정부제에서 대통령과 총리가 행정권한을 나눠 갖는데, 구체적으로 무엇이 대통령의 권한이고, 또 무엇이 총리의 권한인지가 애매한 경우가 많습니다. 그러다 보니, 대통령과 총리 간에 권한을 중심으로 한 다툼이 생길 여지가 많습니다.

특히 여소야대의 동거정부 시에 여당 출신의 대통령과 야당 출신의 총리가 대립·갈등하고 싸울 위험이 많아서 이런 경우 국민과 국가까지 분열될 수 있습니다. 이러한 점이 이원정부제의 큰 약점으로 지적되고 있습니다.

김주권　핵심 위주로 잘 설명해 주셨습니다. 감사합니다.

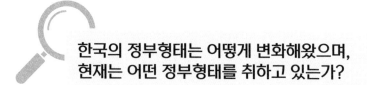

한국의 정부형태는 어떻게 변화해왔으며, 현재는 어떤 정부형태를 취하고 있는가?

김주권 이제 한국의 정부형태에 관해서 말씀해 주시지요.

루 소 한국의 헌정사를 간단히 살펴봅니다. 한국은 1945년 8월 15일 일제의 식민 통치에서 해방되어 1948년 5월 10일 역사상 처음으로 국민이 국회의원을 선출하는 선거를 치렀습니다. 이렇게 제헌의회가 구성되어 최초의 헌법을 제정합니다. 대의 민주주의가 출발하는 역사적 순간입니다. 제헌의회에서 헌법 초안을 작성한 유진오 박사는 많은 선진국이 채택하고 있는 의원내각제 정부형태를 도입하였습니다. 그런데, 이승만 박사가 이를 반대하여서 결국 국회는 대통령제 정부형태를 채택하였습니다, 약간의 의원내각제의 요소가 가미된 것이지요. 그리하여, 1948년 7월 17일 헌법이 제정·공포되고, 이 헌법에 따라서 국회에서 이승만 박사를 초대 대통령으로 선출하였습니다. 이로써 대한민국 정부가 수립되었습니다.

김주권 그 후의 진행 과정은요?

루 소 1950년 6월 25일 북한의 남침으로 한국전쟁이 발발하였고 정부는 서울에서 부산으로 옮겨졌습니다. 1952년 제2대 대통령을 선출하여야 하는데, 국회에서 야당이 다수파를 형성하게 되자, 이승만 대통령이 대통령선거 방법을 국회 선출에서 국민의 직접선거로 바꾸는 내용의 개헌을 강행하였지요. 이때 야당이 의원내각제의 요소를 강화하는 개헌안을 제출하였는데, 이의 내용 중 일부를 반영하게 되어 소위 발췌 개헌이 이루어졌습니다.

그리고, 1954년 이승만 대통령이 대통령은 두 번만 하도록 되어 있는 헌법을 초대 대통령에 한하여 세 번까지 가능토록 헌법을 개정하였지요. 이때 국회에서 개헌정족수가 부족함에도 사사오입이라는 기괴한 논리로써 불법적으로 통과시켰습니다.

김주권 한마디로 한국의 경우 출발부터 권력자가 권력을 강화하고 장기 집권을 획책하는 등 1인 독재체제를 지향하는 불행한 헌정사를 갖게 되었네요. 그 이후의 헌정사를 말씀해 주시지요.

루 소 결국 이승만 대통령은 1960년 3월 15일 정·부통령선거에서 부정·불법 선거를 자행하다가 학생, 지식인 등 전 국민의 저항, 즉 4·19 혁명에 의하여 권좌에서 물러나고, 미국 하와이로 망명하는 불행한 길을 걷게 되었습니다. 그리고, 당시 야당이던 민주당이 주도하여 의원내각제로 개헌하였지요. 이것이 제2공화국인데, 민주주의의 발전이라 하겠습니다. 그런데, 민주당 내 파벌싸움, 즉 구파(윤보선 대통령)와 신파(장면 총리)의 극단적인 대립·싸움, 그리고 혁명 후 사회적 혼란, 이를 수습하지 못한 정부의 무능 등이 겹쳐서, 군부에 정치 개입의 틈을 주었고, 결국 1961년 박정희 장군 주도 하의 5·16 군사쿠데타에 의하여 민주당 정부는 붕괴하고, 군사정부가 들어서게 되었습니다.

김주권 군사쿠데타는 민주주의의 후퇴이고 불행한 사건이지요. 이때 민주당 정부의 분열·무능으로 한국 국민에게 의원내각제가 불안정한 정부형태라는 부정적인 인상을 남겼는데, 이것이 그 후 한국 정치사에 나쁜 유산이 된 것 같습니다. 박정희 장군의 그 후 정치는 어떠했나요?

루 소 박정희 장군 등 군사혁명 주도 세력은 과도적인 혁명정부를 거치면서 1962년 헌법을 개정하여 다시 대통령제를 채택합니다. 비교적 미국식 대통령제에 근접하나, 국무총리제 등 의원내각제가 혼입된 형태입니다. 대통령은 국민 직선으로 선출되고 임기는 4년의 중임제입니다. 이것이 제3공화국입니다. 그 후 이 헌법에 따라 대통령이 된 박정희 장군은 1969년 대통령의 3 연임(3선)이 가능하도록 소위 3선개헌을 강행·처리하여 이승만 대통령처럼 장기 집권을 획책합니다.

김주권 그 후 박정희 대통령은 유신쿠데타를 일으키지요.

루 소 그렇습니다. 박정희 대통령은 1972년 7월 4일 남북공동성명을 발표하였는데, 다시 그해 10월에 불법적으로 헌정을 중단시키고 소위 유신헌법을 만들어서 국민투표에 붙여 통과시킵니다. 제4공화국 헌법입니다. 유신헌법은 대통령을 국민 직선이 아니라 통일주체국민회의라는 기구를 통하여 간접 선출하도록 하고 있을 뿐만 아니라, 연임 제한이 없어 영구집권을 할 수 있으며, 대통령은 행정부뿐만 아니라 입법부와 사법부까지 장악할 수 있도록 하여서 완전히 권위주의적 1인 독재체제를 구축한 것입니다. 민주주의와 인권의 암흑시대가 도래하였던 것이지요.

이처럼 1인 독재체제를 구축한 박정희 대통령은 1979년 10월 29일 핵심 측근들과 만찬 중 중앙정보부장 김재규의 총에 맞아 사망하는 비극적 결말을 맞이하지요.

김주권 이렇게 독재자가 암살당하여 한국에 민주주의가 회복될 것 같았는데, 그렇지 않았지요.

루 소 그렇습니다. 전두환 보안사령관 중심의 신군부가 1979년 12월 12일 군사쿠데타, 1980년 5월 17일 비상계엄의 전국 확대, 1980년 5·18 광주 민주 항쟁의 무력 진압 등으로 권력을 장악한 후, 1980년 소위 5공화국 헌법을 만들었습니다. 5공화국 헌법은 한마디로 유신헌법의 아류라 할 수 있습니다. 즉 전두환 장군의 5공화국은 독재적인 유신체제의 연장이라 볼 수 있습니다. 대통령은 역시 국민 직선이 아니라 대통령선거인단의 간접선거에 의하여 선출됩니다. 대통령의 임기는 7년 단임이나, 유신시대의 대통령처럼 독재적 권력을 장악하는 등 막강한 권한을 가졌습니다.

김주권 그 후 결국 전두환 독재정권은 국민의 저항에 직면하게 되지요.

루 소 1987년 6월 학생, 노동자, 화이트칼라 등 전 국민이 전국적으로 전두환 5공 독재체제에 항거하는 민주 항쟁을 전개합니다. 소위 1987년 6월 민주 항쟁입니다. 이에 전두환 정권은 손을 들게 되어서, 전두환 대통령과 후계자인 노태우 씨는 6·29 선언을 통하여 전 국민이 줄기차게 요구한 대통령직선제 개헌 등을 받아들이게 됩니다. 그리하여, 1987년 여·야 정치인들이 대통령직선제를 골자로 한 헌법안의 초안을 만들고, 이것이 국회 의결과 국민투표를 통하여 확정되었습니다. 이로써 현재의 헌법이 탄생한 것이고, 이를 1987년 헌법 체제, 혹은 제6공화국 헌법이라 합니다.

김주권   현재의 한국 헌법, 즉 1987년 헌법상의 정부형태(권력구조)에 대하여 말씀해 주시지요.

루 소   한국의 현행 헌법은 민주주의의 회복과 대통령직선제를 희구하는 국민적 열망이 담겨서, 대통령은 국민의 직접선거로 선출하고, 임기 5년의 단임제가 특징입니다. 기본적으로 대통령제 정부형태인데 여기에 국무총리, 국무회의제도 등 의원내각제의 요소를 가미한 것입니다. 즉 순수한 미국식 대통령제는 아니고 약간 변형된 것이나, 기본적으로 대통령제입니다. 따라서, 대통령제의 장단점이 그대로 드러나는 정부형태이지요.

김주권   자세히 말씀해 주시지요.

루 소   우선 대통령제의 요소를 보겠습니다.

첫째, 대통령은 행정부의 수장으로서 대통령 1인이 인사권, 정책 결정권 등 모든 행정권을 장악하는 등 실질적 권한이 있습니다.

둘째, 대통령은 국가원수의 지위를 가지므로 권력뿐만 아니라 권위도 가지고 있습니다.

셋째, 대통령은 국민이 직접 선출합니다. 이는 대통령이 강한 권력을 갖게 하는 정치적 정당성의 기초가 됩니다.

넷째, 대통령은 국회에 대하여 책임을 지지 않고, 즉 국회는 대통령에 대하여 불신임결의를 할 수 없으며, 대통령은 국회에 관한 해산권이 없습니다. 대통령은 5년 임기가 보장됩니다.

다섯째, 대통령은 법률안거부권을 갖습니다.

여섯째, 대통령은 국군통수권을 가지며, 외국에 대하여 국가를 대표하고, 조약 체결 등 외교에 관한 권한을 갖습니다.

다음으로 의원내각제적 요소를 봅니다.

첫째, 부통령제를 두지 않고 국무총리제도를 두고 있습니다. 그러나, 의원내각제 하의 총리에 비하여 한국의 국무총리는 실질적인 권한이 없으며, 본질적으로 대통령의 보좌기관입니다. 따라서 이러한 총리제는 의원내각제의 외형만을 따른 것뿐입니다. 대통령이 국무총리를 임명할 때 국회의 동의를 받게 되어 있으나, 이는 역시 의원내각제의 약한 요소일 뿐입니다.

둘째, 국무회의제도를 두고 있습니다. 그러나 국무회의는 의원내각제 하의 내각처럼 의결기관이 아니고, 심의기관에 불과합니다. 따라서 이 역시 무늬만 의원내각제의 요소를 도입한 것에 불과합니다.

셋째, 국무총리는 행정 각부의 통할권을 가지고, 대통령에게 국무위원의 임명제청 및 해임 건의를 할 수 있는 권한이 있으나, 행정 각부의 통할권은 대통령의 명을 받아서 하는 것이어서 약한 것이고, 국무위원의 임명제청, 해임 건의 역시 현실적으로 강하지 못합니다. 왜냐하면, 대통령은 언제든지 국무총리를 해임할 수 있는 등 인사상 생사여탈권이 있기 때문입니다.

넷째, 국회는 대통령에게 국무총리·국무위원에 관한 해임을 건의할 수 있는 권한이 있습니다. 외양만 보면, 의원내각제 하의 총리(내각) 불신임권처럼 보이나, 단지 건의일 뿐으로 대통령을 구속하는 법적 힘이 없어, 이 역시 무늬만 의원내각제의 요소로 도입한 것입니다.

다섯째, 국회의원과 장관의 겸직이 허용되고, 국무총리와 국무위원은 국회 출석·발언의 의무와 권한이 있습니다.

여섯째, 대통령의 국법상 행위에 대하여 총리와 관계 국무위원은 부서(대통령 서명 밑에 서명하는 것)를 할 수 있습니다. 그런데, 대통령이 총리와 국무위원을 언제든지 해임할 수 있는 권한이 있으므로, 현실에 있어서 총리 등의 부서권은 대통령의 국법상 행위에 관한 실질적인 견제권이 될 수 없습니다.

일곱째, 정부에게 법률안 제출권이 있습니다. 따라서 대통령은 법률안거부권(대통령제의 고유 요소)뿐만 아니라, 법률안 제출권(의원내각제의 요소)을 가지고, 국회 입법에 관한 막강한 권한을 가지고 있습니다.

이상을 종합하면, 한국의 정부형태는 무늬만의 의원내각제적 요소가 가미된 것으로서 본질적으로 대통령제입니다. 즉 대통령 한 사람이 국가원수로서, 그리고 행정권의 수장으로서 국무총리·장관·권력기관의 장 등 모든 공무원의 인사권, 정책 결정권 등 막강한 권한을 가지고 있는 1인 지배 체제이기 때문에, 언제든지 권력의 폭주와

남용이 현실화할 수 있는 위험이 있습니다. 그래서, 제왕적 대통령제라고 부르지요.

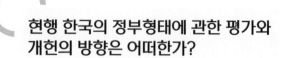

현행 한국의 정부형태에 관한 평가와
개헌의 방향은 어떠한가?

김주권 한국의 현행 헌법, 즉 1987년 헌법상 정부형태에 관해서
자세히 설명해 주셨습니다. 이제, 그에 관한 평가, 그리
고 개헌론에 관해서 말씀해 주시지요.

루　소 요즘 한국에선 선거제도와 정부형태(권력구조)의 개선 등
에 대하여 많이 논의되고 있습니다. 먼저 대통령제에선
기본적으로 대통령 1인에게 행정권 등 권한이 집중됩니

다. 따라서 이를 준군주제라고도 하지요. 의원내각제의 내각처럼 집단지도체계가 아니고, 대통령 1인 지배체제입니다. 또, 정당 차원에서 보더라도, 특히 양당제에선 대통령이 소속된 1개의 거대 정당, 즉 1개의 거대 여당에 권력이 집중됩니다. 권력이 1인, 1개 정당에 의하여 독점되지요. 그러므로, 권력에서 배제된 야당 및 정치인 등은 권력을 빼앗고자, 그리고 대통령과 여당은 그 독점 권력을 빼앗기지 않으려고 사생결단의 싸움을 하게 됩니다. 진흙탕 전쟁으로 날을 새지요. 대화·타협·합의의 정치는 종적을 감춥니다. 그러다 보니, 국민 역시 두 쪽으로 분열되어 갈등하지요. 국민통합이 사라집니다. 정치의 양극화지요. 요즘 한국은 물론이고, 대통령제의 원조 국가인 미국 역시 이 때문에 국가와 국민이 몸살을 앓고 있습니다.

다음, 대통령을 뽑는 선거에선 1등으로 득표한 후보 1인만이 대통령으로 당선되고, 나머지 후보는 모두 낙선됩니다. 비록 당선자와 1표 차이라도 낙선되며, 그 사람에게는 어떠한 권력이나 공직이 주어지지 않습니다. 낙선자에겐 장관 자리 하나 주어지지 않습니다. 단 1표 차이인데도, 그는 전혀 권력을 나누어 가질 수 없습니다.

대통령선거가 이러한 메커니즘이다 보니, 이를 승자독식의 선거라 합니다.

이상을 종합하면, 대통령제는 한마디로 승자독식의 정치 체제입니다. 권력 독점의 체제입니다. 권력을 나눠 갖는 게 없습니다. 그러다 보니 다른 정치인이나 정당의 협력을 받기가 쉽지 않고, 따라서 대화·타협·합의가 실종되며, 싸움판 정치만 남지요, 이처럼 대통령제에선 군주제의 군주처럼 대통령 1인이 막강한 권력을 독점하고 행사하다 보니, 제왕적 대통령제 운운의 비판을 받습니다.

요컨대, 정치학자 레이코프가 이야기한 것처럼, 한국의 대통령제는 1인 선출의 소선거구 단순 다수 대표의 선거제도와 결합하여서 소위 다수제 민주주의를 이루게 되는데, 대화·타협·합의의 정치가 제도적으로 유인되는 합의제 민주주의로 진화되어야 할 시점에 왔다고 하겠습니다. 그래야, 한국 민주주의가 한 단계 더 성장하고 성숙하게 됩니다. 한국의 헌정 체제가 다수제에서 합의제로 변경(개선)될 때 정치뿐만 아니라 사회 전체의 갈등 지수가 떨어지고, 국민의 행복지수도 상승하게 될 것입니다.

김주권 고맙습니다. 이러한 기본관점에서 정부형태에 관한 개헌에 관하여 말씀해 주시지요.

루 소 현재 선거제도의 개편 및 개헌에 관해서 논의가 무성하지요, 정부형태(권력구조)는 헌법에 규정되어 있으므로, 정부형태(권력구조)를 바꾸려면 헌법을 개정해야 합니다. 따라서, 개헌 얘기가 나오지요. 이러한 개헌논의에는 여러 가지 입장이 있습니다.

우선 현재의 대통령제 정부형태를 변경시키지 말자는 입장입니다. 현재의 대통령제도 나름의 장점이 있으므로 이를 그대로 유지한 채, 그 운용을 좀 더 잘해 보자는 입장이지요. 지금의 헌법상 정부형태도 제대로만 운용하면, 국정 운영과 정치가 안정되고 효율적인 것이 되리라는 의견입니다. 제도보다 이를 운용하는 정치인의 자질이 문제라는 것이지요.

그러나, 그동안의 헌정 운용의 역사와 현실을 토대로 많은 문제점이 노정된 대통령제를 변경해야 한다는 것이 대세라고 봅니다.

김주권 지금의 대통령제를 바꾸자는 입장에는 구체적으로 어떤 것들이 있나요?

루 소 첫째, 기본적으로 현행 대통령제를 유지하면서 약간의 손질, 즉 수리를 하자는 입장이 있습니다. 이 입장에도 몇 가지가 있습니다.

① 지금 대통령 임기가 5년 단임으로 되어 있는데, 이는 국정운영의 일관성, 장기적 정책 추진의 어려움, 책임정치의 결여 등 문제점이 있으므로 미국처럼 4년 중임제로 바꾸자는 입장입니다.

② 대통령 1인이 행정권을 독점하고 내부적으로 견제장치가 없으므로 총리의 지위와 권한을 강화하자는 소위 책임총리제 도입론입니다. 현재 총리는 대통령의 명을 받아서 행정 각부를 통괄하는 대통령의 보좌기관에 불과하지요. 이를 고쳐서 총리가 실질적인 권한을 갖도록 하자는 것입니다. 이를 위해서 대통령이 국회 동의를 받아 총리를 임명하도록 되어 있는 것을 국회가 총리 후보를 추천하면 대통령이 이를 총리로 임명케 하자는 국회의 총리 추천제가 제안되고 있습니다. 의원내각제처럼 국회가 총리를 선출케 하는 것이 시기상조라면, 절충적 방법으로 국회가 총리 후보를 2명 정도 추천하고, 대통령이 이 중 1인을 총리로 임명케 합니다. 총리에게 어느 정도 대통령으로부터 독립된 지위를 부여하여 내부적으로 총

리가 대통령의 잘못된 국정 운용을 견제케 하자는 것이지요.

③ 국무회의의 의결기관화입니다. 현재는 국무회의가 국사에 관한 심의기관에 불과하여서 그 결정이 대통령을 구속할 수 없습니다. 이를 의결기관화하여서 명실상부 대통령의 일방적인 권력 행사를 제한케 하려는 것입니다.

④ 대통령선거에 결선투표제를 도입하자는 입장입니다. 현재 대통령을 뽑는 선거제도는 단순다수대표제로서 단 1표라도 더 득표한 후보가 대통령에 당선됩니다. 그러다 보니 여러 가지 불합리한 결과가 나옵니다. 예컨대, 유권자가 1,000명일 경우를 가정하고, A 후보가 350표, B 후보가 300표, C 후보가 200표, D 후보가 150표를 득표하였을 때 A 후보는 불과 35%의 적은 득표율로 대통령에 당선되어서 대표성에 큰 결함을 갖게 됩니다. 뿐더러, 나머지 B, C, D 후보가 득표한 합계 650표는 모두 사표가 되는 사태가 됩니다. 이러한 불합리를 막기 위해서 1차 투표에서 과반 득표한 후보가 없을 때, 1위 득표 후보와 2위 득표 후보 간에 2차 투표, 즉 결선투표를 실시하여 여기서 과반 득표한 후보가 대통령에 당선되도록 하

자는 게 결선투표제의 골자입니다. 이는 현재 프랑스 대통령선거에서 채택되고 있습니다. 결선투표를 하게 되면, 결선투표에 진출하는 1차 투표의 1위 후보 혹은 2위 후보와 1차 투표에서 3위나 4위 등을 하여 결선투표에 진출하지 못하게 된 후보 간에, 결선투표를 앞두고 다양한 대화·협상을 하여 짝을 짓게 됩니다. 즉 선거연합을 이루게 됩니다. 선거가 끝난 후 결선투표에서 과반 득표하여 대통령에 당선된 후보(및 그 소속 정당)와 그를 결선투표에서 지지한 후보(및 그 소속 정당)가 공동으로 정부를 구성하여 국정을 운영하게 됩니다.

앞에 든 예를 보면, 결선투표에서 C 후보가 A 후보를 지지하여서 A 후보가 도합 550표(350표+200표)를 얻어 대통령에 당선된 경우, A는 대통령, C는 총리가 되어서 함께 정책을 조율하고 장관직의 배분 등 정부 인사를 조율하여서 함께 공동정부를 꾸려가는 것입니다. 국회에서도 A 소속의 정당과 C 소속의 정당이 입법 연합하여 합의된 법률안을 통과시키게 되지요. 결국 대통령제하에서도 공동정부를 구성·운영함으로써 권력 독점과 독주를 막고, 대화와 합의의 정치 및 국정운영을 하는 시스템을 갖게 됩니다. 즉 원래 대통령제는 다수제 민주주의적 제도로서 승자독식·권력 독점으로 말미암아 분열·대립의 정치를 낳는 폐단이 있는데, 위와 같이 공동정부를 구성·운영함으로써 이러한 폐단을 극복하고 대화와 타협의 합의제 민주주의로 이행할 수 있게 됩니다.

이미 한국에서도 1997년 대통령선거에서 진보적인 김대중 씨와 보수적인 김종필 씨가 연합하여 김대중 씨가 대통령에 당선되었고, 그 후 김대중 대통령+김종필 총리의 공동정부를 구성·운영한 사례가 있지요. 이를 참고하면 되겠습니다.

김주권　의원내각제를 도입하자는 분들도 많지요?

루　소　그렇습니다. 주로 정치학자 등 전문가들이 의원내각제 개헌을 주장하고 있지요.

김주귀　의원내각제 하면, 잦은 총리(내각) 불신임으로 정부(내각)가 단명하고, 또 빈번한 의회 해산 등으로 정치와 국정운영이 불안정하다고 하며 반대하는 분들도 많지요.

루　소　의원내각제가 불안정하다는 것은 2차세계대전 이전의 의원내각제 이야기입니다. 2차세계대전 이후엔 의원내각제의 이러한 문제점을 개선하기 위하여, 즉 정치와 국정운영의 안정을 위하여 여러 가지 제도적 장치를 마련하였습니다. 대표적인 것이 독일기본법(헌법) 상의 의원내각제입니다. 앞에서 이미 자세히 말씀드렸습니다만, 독일에선 의원내각제의 안정화를 위하여 우선 건설적 불신임제도를 도입하였지요. 의회가 총리(내각)를 불신임하려면 먼저 후임 총리를 선출해야 합니다. 이러한 총리(내각) 불신임에 관한 통제장치 때문에 독일의 경우 총리와 내각이 장기간 존속하고 국정운영이 안정을 이루고 있습니다. 또 총리가 대통령을 통하여 의회를 해산할 수 있는 경우를 두 가지로 제한하여서 의회 해산이 남발되지 않았습니다.

독일은 이와 더불어 연동형 비례대표제의 선거제도로 안정적인 다당제를 이루어, 의원내각제하에서도 안정적인 정치와 효율적인 국정운영을 하고 있습니다. 예를 들어, 최근에 퇴임한 메르켈 총리는 16년간이나 총리를 연임하여 안정적이고 일관성 있는 국정운영을 하였지요.

김주권 의원내각제가 선진적인 정치 체제지만, 정당정치의 발달과 정치인 자질 향상이 성공의 전제 조건이라고 하면서, 한국은 정당정치나 정치인 자질 면에서 많이 뒤떨어져 있기 때문에, 의원내각제가 시기상조라고 주장하는 분들이 있습니다.

루 소 그렇습니다. 그러나, 저는 반대로 먼저 의원내각제를 실시함으로써 정당정치의 발전과 정치인 자질의 향상을 견인할 수 있다고 봅니다. 결국 어떤 제도적 틀을 갖추느냐에 따라서 정당정치나 정치인 자질은 그에 맞춰지기 때문입니다. 제도가 중요합니다.

김주권 알겠습니다. 개헌론자 중에는 이원정부제를 도입하자는 분들도 있지요?

루 소 주로 국회의원 등 정치인이 주장하고 있습니다. 대통령제는 제왕적이라서 안 되며, 의원내각제는 시기상조라며 반대하고, 절충적 대안으로서 이원정부제를 도입하자는 것이지요. 이 중에는 일단 이원정부제를 도입하였다가, 여건이 조성되면 의원내각제로 가자는 2단계 개헌론자도 있습니다.

김주권   이원정부제에 대하여 좀 더 자세히 말씀해 주시지요.

루 소   이원정부제, 한국에선 분권형 대통령제라고 이름 붙이기를 선호하는 정부형태는, 행정권을 대통령이 독점하지 않고 총리(내각)와 나눠 갖는 체제입니다. 그래서, 한국에선 분권형 대통령제라고 이름을 붙이는데, 대통령제는 대통령이 준군주로서 제왕적 권력을 행사, 독재화하는 경향이 있으므로, 이를 시정하기 위하여 대통령이 총리와 행정권을 나눠 갖도록 하자는 것이지요. 쉽게 말하면 대통령은 외교, 국방 등 대외적 권한을, 총리(내각)는 경제, 사회, 교육 등 대내적 권한을 나눠 갖도록 하자는 것입니다.

   한국의 경우, 이러한 이원정부제, 분권형 대통령제, 혹은 반(半) 대통령제가 국회에서, 특히 역대 국회의장들이 마련한 개헌안의 핵심 내용입니다.

   예를 들면, 2014년 국회 헌법개정자문위원회는 이원정부제, 즉 분권형 대통령제를 구체적으로 조문화하여 제안한 바 있습니다. 이 개헌안의 최종보고서를 보면, 직선 대통령에게 통일·외교·국방·안보 등의 권한을 부여하고, 국무총리는 대통령 권한 외의 권한을 가지게 하면서 내각불신임제, 의회 해산제라는 의원내각제적 요소도 도입하자고 하고 있습니다.

위 최종보고서는 분권형 대통령제를 다음과 같이 요약하고 있습니다.

1. 대통령과 총리의 국정 분담

○ 대통령(직선, 6년 단임)은 통일·외교·안보·국민 통합을 담당한다(당적 이탈). 대통령은 필요한 경우 국무회의 소집 요구를 할 수 있다.

○ 국무총리(민의원 선출)는 이른바 내치를 담당한다. 즉 대통령 권한 이외의 사항에 관하여 행정 각부를 통할한다. 국무회의를 주재한다.

2. 국회와 정부의 상호협력·견제 강화

○ 민의원은 국무총리를 선출하고, 건설적 불신임권이 있으며 (먼저 후임 총리를 선출해야만 현직 총리를 불신임할 수 있음), 개별 국무위원도 불신임할 수 있다.

○ 총리의 신임 요구를 민의원이 부결할 경우 대통령에게 민의원을 해산할 것을 제청(다만 총선 이후 1년 안에는 해산 불가능). 대통령은 20일 이내에 해산 여부를 결정하되, 민의원이 먼

저 이 기간 동안 후임 총리를 선출하여 총리를 불신임하면 대통령의 민의원해산권이 소멸한다.

김주권 자세한 설명을 해주셔서 감사합니다. 지금까지 한국 대통령제의 개선, 즉 개헌에 관한 여러 입장을 설명해 주셨는데, 선생님은 한국의 경우 어떤 정부형태가 바람직하다고 생각하시는지요?

루 소 정부형태의 문제는 간단치 않습니다. 그 나라의 역사, 정치와 국정운영의 실태 및 문제점, 국민 여론, 각 제도의 기본 운영원리와 장단점 등을 종합적으로 고려해야 합니다.

그런데, 한국의 경우 현재 극단적인 분열의 정치, 권력의 남용 및 독선적 행사 등을 보건대, 현재의 대통령제 정부형태는 반드시 지양하고 개선해야 할 시점이라고 봅니다.

정부형태에 관한 개헌의 입장을 정리하면, 첫째, 현재의 대통령제를 유지하자는 입장, 둘째, 현재의 대통령제를 유지하되, 다만 부분적으로 수정·개선하자는 입장, 셋째, 의원내각제, 특히 독일의 안정화된 의원내각제로 바꾸자는 입장, 넷째, 이원정부제(분권형 대통령제)로 바꾸자는 입장이 있지요.

한국 국민은 1960년 4·19 혁명 이후 수립된 제2공화국의 의원내각제 하에서 분열과 혼란을 겪어서 의원내각제에 관한 부정적 인식이 있고, 또 유신독재 시대와 5공 독재 시대를 겪으면서 대통령직선제에 관한 열망이 대단히 큰 상태입니다. 따라서, 제도 자체를 보면, 독일의 안정화된 의원내각제가 가장 바람직하나, 현실적으로 국민이 이를 받아들일 것인지의 문제가 있습니다.

다음엔 위에서 본 이원정부제(분권형 대통령제) 개헌안은 대통령제와 독일식의 안정화된 의원내각제가 혼합된 것인바, 국민 직선의 대통령이 실질적인 국정 권한을 갖고 있어서 국민의 대통령제 선호에 부응하면서, 의원내각제의 민주적 요소를 도입할 수 있는 장점이 있는 반면에, 단점으로서 대통령과 총리의 권한 경계가 모호하고, 대통령과 총리 간에 갈등할 소지가 있다는 것에 관해서 이미 말씀드렸습니다.

그리고, 기본적으로 대통령제를 유지하되, 총리의 지위·권한을 현재보다 강화하고 또 대통령선거에 결선투표제를 도입하여 대표성 강화와 사표 방지, 연합정치와 공동정부 운영 등이 가능케 하자는 개헌안은 국민의 대통령직선제 선호를 바탕으로 하면서도 대통령제의 권력 독점 등 문제점을 일정 부분 개선하는 것입니다.

정부형태 등 정치제도는 3가지 관점(기준)에서 설계되어야 합니다. 첫째, 민주적 정당성, 둘째, 권력남용과 독재를 방지하기 위한 권력의 분산과 상호 견제, 셋째, 정치 및 국정운영의 안정성·효율성이 그것입니다. 이 세 가지를 기준으로 보면, 저는 독일식의 안정화된 의원내각제를 강력히 추천하고 싶습니다. 다만, 현실적으로 당장 이것이 어렵다면, 차선책으로 이원정부제, 즉 분권형 대통령제나 개선된 대통령제 중 하나를 주권자인 국민이 선택하게 하는 방법을 권유하고 싶습니다.

김주권 감사합니다.

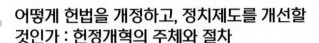

어떻게 헌법을 개정하고, 정치제도를 개선할 것인가 : 헌정개혁의 주체와 절차

김주권　그동안 선거제도, 공천제도, 정당 체제 등 정치제도의 개선, 그리고 정부형태에 관한 개헌에 관하여 말씀해 주셨습니다. 이제, 이러한 개헌과 정치제도의 개선을 누가 주체가 되어서 어떤 절차와 방법으로 할 것인지에 대하여 말씀해 주시지요.

루　소　예. 사실 이 문제가 대단히 중요합니다. 선거제도 등 정치제도를 개선하려면 공직선거법, 정당법 등을 개정해야 하고, 또 현행 대통령제를 개선하려면 정부형태(통치구조)에 관한 헌법 규정을 개정해야 합니다. 이러한 개헌과 정치 관계법 규정을 어떤 절차와 방법으로 할 것인지, 누가 주체가 될 것인지의 문제는 사실상 정치개혁의 성패를 결정하는 것이지요.

아무리 좋은 선거제도 등 정치제도를 제안하고, 또 아무리 훌륭한 정부형태에 관한 개헌안을 마련한다고 하더라도, 이를 실행시킬 주체와 절차·방법이 없다면 속된 말로 도로아미타불이 되어 버리지요. 즉 세상일에는 실체나 내용보다 절차와 방법이 더 중요한 경우가 많습니다.

김주권   동감이 가는 이야기입니다. 계속 말씀하시지요.

루 소   개헌과 정치 관계법 개정의 절차에 관해서 논의가 있었고, 나름의 좋은 방안이 나올 것으로 알고 있습니다. 이를 참고하면 도움이 되겠습니다. 핵심은 국회에서 먼저 「헌법 개정 및 정치 관계법 개정의 절차에 관한 법률」을 제정하여 이 절차에 따라서 개헌 등을 진행하자는 것입니다.

우선 헌법 개정에 관해서 보면, 헌법 제129조, 제130조, 제131조가 개헌 절차에 대하여 규정하고 있습니다. 이에 의하면, 개헌안의 발의는 국회의원 재적 과반수나 대통령이 할 수 있고, 이처럼 개헌안이 발의되면 국회에서 토의와 의결을 거친 후 국민투표로 확정하도록 규정하고 있습니다. 그런데, 헌법에는 구체적으로 개헌안이 어떻게 마련되어야 하는지 등에 관한 규정이 없습니다. 이러한 흠결을 메꾸기 위하여 세부적이고 구체적인 개헌 절차 규정을 담은 법률을 먼저 제정하도록 하자는 것이지요. 그 법률 내용을 보면, 국회 내에 개헌특별위원회를 설치하고, 그 밑에 전문가로 구성된 자문기구와 일반 시민으로 구성된 시민위원회를 구성·설치해서 시민위원회가 전문가기구의 자문(보조)을 받으면서 개헌안을 작성하면, 이 개헌안을 국회의 개헌특별위원회와 본회의에서 토론하여 의결하고, 그 후 이 개헌안을 국민투표를 통하여 확정하자는 것입니다.

즉 이 절차는 주권자인 일반 시민이 주체가 되어서 전문가의 도움을 받으며 개헌안을 만들고, 이에 대하여 국회의 의결과 국민투표를 거쳐서 개헌안을 확정하는 민주적인 방법입니다.

김주권 선거제도, 공천제도를 개선하기 위한 공직선거법과 정당법 등 정치 관계법의 개정은 어떤 절차로 해야 할까요?

루 소 공직선거법 등 정치 관계법은 헌법이 아니고 법률이기 때문에 국회에서 일반 입법 절차에 의하여 개정하면 됩니다. 다만, 공직선거법 등 정치 관계법의 개정을 정치인인 국회의원에게만 맡기면, 그들이 기득권 유지의 차원에서 국민 여론과 동떨어진 법률을 만들 위험이 크기 때문에, 이를 방지하기 위하여 정치 관계법을 개정할 때 일반 시민과 전문가의 참여가 보장되도록 위에서 본 헌법 개정 절차의 내용을 준용하도록 하면 되겠습니다.

김주권 예. 정치 관계법 개정도 위에서 본 헌법 개정 절차처럼 국회의 정치개혁특별위원회 내에 전문가로 구성된 자문기구와 일반 시민으로 구성된 시민위원회를 설치하여 시민위원회가 먼저 전문가의 보조를 받아 법률안을 만들면, 이를 국회 정치개혁특별위원회와 본회의에서 검토하고 토론하여서 법률로 확정케 하자는 말씀이군요.

루 소 그렇습니다. 결론적으로 정부형태에 관한 개헌이나 선거제도 등 개혁을 위하여 먼저 국회에서 위에서 본 절차법을 제정해야 한다고 강조하고 싶습니다. 그리하여, 헌법 개정 등의 과정에서 일반 시민의 적극적 참여와 의견 개진이 다양하게 이루어져 민심에 부합하는 민주적인 헌법과 정치제도가 마련되도록 해야 합니다.

김주권 자세한 말씀 고맙습니다. 그 밖에 더 하실 말씀이 있으면 해주시지요.

루 소 민주국가에선 일반 국민이 주권자입니다. 한국도 마찬가지입니다. 그런데, 현대 민주국가는 대의 민주주의를 채택하여서 국민의 선거로 뽑힌 의회 의원들이 입법권을 독점하고 있습니다. 선거제도와 공천제도 등을 규정하고 있는 공직선거법, 정당법, 그리고 정치자금법 등 정치 관계법을 제정하고 개정할 수 있는 입법권도 의회가 독점하고 있습니다. 여기서 문제가 생깁니다. 정치 관계법은 정치인들과 직접적인 이해관계가 있는 법률입니다. 그런데, 이러한 법률을 이해관계자인 정치인들, 즉 의원들이 제·개정한다는 것은 이익 충돌의 문제를 생기게 하지요. 국민과 국가의 이익이 아니라 정치인 자신들의 이익을 위하여 법을 만든다는 것이지요. 재판에 비유하면, 판사 본인이 당사자인 소송에서, 판사가 재판관으로서 판결하는 것과 같지요. 아주 불공정하고 부당한 것입니다. 따라서, 모든 법률을 국민이 직접 만들도록 입법권 전체를 국민에게 줄 수 없다 하더라도, 최소한 정치 관계법을 만들고 개정할 수 있는 권한만은 일반 국민에게 주어야 합니다. 이러한 제도를 전문적 용어로 국민발안제라고 합니다. 국민발안제를 헌법에 규정해야 한다는 것이 저의 소신입니다.

더불어 한국 헌법의 개헌 관련 조항을 보면, 개헌안 발의권자로서 국회의원과 대통령만이 규정되어 있고, 국민은 빠져 있는데, 국민 주권 국가에서 있을 수 없는 일입니다. 헌법에 개헌안 발의권자로서 국민을 추가할 것을 제안합니다.

김주권   의회가 입법권을 독점하는 대의제 민주주의 문제점을 보완하기 위한 제도로 정치 관계법에 관한 국민발안제의 도입을 저도 찬성합니다.

마무리하며

한국인의 행복을 위하여

김주권 대화를 마무리하면서 마지막으로 하실 말씀을 해주시지요.

루 소 이렇게 경청해주셔서 감사합니다. 이번에 한국의 정부형태를 개혁하는 개헌이 이루어지고, 선거제도·공천제도 등 정치제도의 개선이 성취되길 기원합니다. 이러한 헌정 체제의 개혁을 통하여 합의제 민주주의가 뿌리를 내리면, 정치가 개선될 뿐만 아니라, 사회 전체 차원에서 과도한 경쟁이 완화되고, 경제적으로 차별이 없어지고, 사회적 약자를 포용하는 선진사회가 이루어지게 함으로써 한국인의 행복지수를 크게 올릴 것으로 봅니다. 끝으로 한국의 한 시민이 저에게 한국 정치개혁에 관한 리포트(정치 에세이)를 보내셨는데, 이 대화편 다음에 꼭 실어주었으면 합니다.

김주권 그리하도록 하겠습니다. 앞으로도 한국 국민을 위하여 지혜의 말씀을 많이 해주시길 바랍니다. 감사합니다.

2부

한 시민의
정치 에세이

낡은 정치의 종말

정당공천을 개혁하여
국민주권을 회복하자

한국 정치의
자화상

요즘 국민은 정치인을 어떻게 보고 있을까? 정치인들을 존경할 만한 사람이나 신뢰할 만한 사람으로 생각할까? 대답은 부정적이다. 대부분 국민은 정치인들을 불신과 경멸·냉소의 대상으로 보고 있다.

가벼운 우스개 이야기 한 토막: 정치인들이 타고 가던 승용차가 한강에 빠졌다. 지나가던 시민들의 반응은 어떨까? 어떤 사람은 한강 물에 빠진 이들이 나라를 위태롭게 하니 빠져 죽게 놔두자고

하고, 다른 사람은 정치인의 더러운 몸으로 한강 물이 오염되니 건져내야 한다고 서로 다투지 않을까? 왜 국민은 이처럼 정치인들을 경멸과 불신의 시선으로 쳐다보고 있을까? 어떻게 하면 정치가 신뢰를 회복하고, 정치인이 존경과 사랑받는 존재가 될 수 있을까?

정치란
무엇인가?

정치란 무엇인가? 수많은 정의가 있다. TV에서 누군가는 우스갯소리로 "정치란 정 마담의 치마 속"이라고 정의한다. 그만큼 현실정치가 지저분(?)하다는 말 같다.

공자는 "정치란 바른 것(政者正也)"이라고 한다. 지도자가 도덕적으로 솔선수범하여 백성들을 교화하는 것이 정치라는 것이다. 즉 성인에 의한 정치이다. 옛날부터 동양에선 내성외왕(內聖外王)이라고 하였다. 내적으로 수양하여 성인이 되고, 이 성인의 덕으로서 왕 노릇을 한다는 것이다. 맹자는 이를 힘에 의해 이익을 추구하는 패도정치에 대립하는 것으로서 인과 의에 의한 왕도정 치라고 개념 지었다.

현대정치학은 "정치란 사회적 가치의 권위적 배분이다."라고 한다. 이에 의하면 가치의 배분에 관한 것이 정치이다. 그렇다면 누가 어떻게 사회적 가치를 국민 사이에 배분할 것인가?

현대 대의 민주주의는
주인-대리인 문제를 낳는다

국가통치 형태에는 크게 3종류가 있다. 즉 1인 통치, 소수의 통치, 다수의 통치.

1인 통치는 군주정을 말하며 이것이 타락하면 폭군정이 된다. 소수의 통치는 귀족정치(엘리트 정치)를 말하며, 이것이 타락하면 과두정이 된다. 다수의 통치는 민주정치를 말하며, 이것이 타락하면 중우정치가 된다.

민주정치는 고대 그리스 도시국가 특히 아테네에서 최초로 출현하였다. 원어는 "데모스+크라티아"이다. "크라티아"는 통치라는 말이다. "데모스"는 "인민 전체"를 말하기도 하고, "다수"를 말하기도 한다. 즉 인민 전체에 의한 통치, 혹은 다수에 의한 통치가 민주주의 정치다. "인민 전체에 의한 통치"는 공화주의적 개념이고, "다수에 의한 통치"는 다수인 사회적 약자(가난한 사람들, 노동자)에 의한 통치로 개념되어서 사회주의와 연결될 수 있다. 이것이 민주주의이다.

민주주의는 크게 2가지 형태가 있다. 직접 민주주의와 간접 민주주의이다. 전자는 국민(시민)이 직접 통치하는 형태로서 고대 그리스 도시국가에서 시행되었다. 후자는 흔히 대의 민주주의라고 하며 국민(시민)이 대표자(대리인)를 선출하여서 그들을 통하여 간접적으로 통치하는 형태이며, 근대세계(즉 오늘날)의 민주주의는 이 형태를 취하고 있다.

왜 현대의 국가는 직접 민주주의가 아니라 대의 민주주의 형태를 취하게 되었는가? 그 문제점은 없는가?

첫째 이유: 근·현대국가는 고대 그리스 도시국가와 비교하지 못할 정도로 영토가 광대하고 인구수가 많아서 국민이 직접 통치하는 것이 물리적으로 불가능하다.

둘째 이유: 근·현대국가의 통치 및 운영은 너무나 복잡하고 전

문적인 내용이어서 일반 국민이 생업에 종사하면서 이에 관여하는 것은 사실상 곤란하다.

셋째 이유: 일반 국민은 감정에 치우치고 선동에 쉽게 넘어가기 때문에 이성적인 국가 운영이 어려우므로, 완충지대 또는 필터로서의 대표자(대리인)를 통한 통치가 바람직하다.

그러나, 지금에 이르러서는 위와 같은 이유가 모두 타당하다고 볼 수 없다. 왜냐하면, 정보통신기술의 발달, 국민의 교육 수준의 향상 등으로 위에서 거론한 것들 중 상당 부분을 해소할 수 있기 때문이다.

핵심적인 문제는 대의 민주주의에서 주인-대리인의 문제가 발생한다는 것이다. 즉 대리인(대표자)들의 도덕적 해이이다. 쉽게 말해서 일반 국민이 주인이고, 공직자(선출직이든 임명직이든)는 모두 국민의 심부름꾼(종)으로서 대리인일 뿐인데, 주인인 국민의 생각을 무시하고 국가 이익이나 공익보다 자기들 이익만을 챙기는 특권적인 기득권층으로 되어 버린다는 것이다. 허울만 민주주의이지, 실질은 과두적인 소수의 통치로 타락해버린다. 그래서 정치, 정치인이 통째로 국민의 불신과 지탄의 대상이 되어 버린 지 오래되었다.

정당은 정치과정에서 핵심적 기능을 한다

지금 대의정치는 다음 그림과 같이 작동한다.

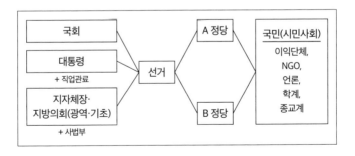

대한민국의 주권은 국민에게 있고, 모든 권력은 국민으로부터 나온다(헌법 제1조 제2항). 모든 국민은 국가 운영(통치)에 참여할 권리가 있고, 국가 운영(통치)의 주체다. 그런데, 현실에 있어선 국민의 국정운영이나 참여는 정당이란 매개체를 통하여 이루어진다. 정당은 국민 속의 집단적 이해관계를 대변하여 정책 아젠다를 만들고, 공직선거 후보를 공천하는 중대한 기능을 한다. 이처럼 참으로 공적 존재로서의 정당이 중요하다. 그만큼 민주적으로 운영되어야 한다. 그런데도, 정당의 실제 운영은 일반 국민으로부터 멀리 유리되어 있고, 몇몇 권력자들에 의하여 조직이 사유화되고, 의사결정이 비민주적으로 이루어진다. 새누리당(현재의 국민의 힘. 이하 같음)이나 민주당(현재의 더불어민주당. 이하 같음)이나 마찬가지이다. 국민은 이러한 기존 정당의 행태에 불신을 넘어 냉소까지 퍼붓고 있다. 종이 주인 노릇을 하고 있다고!

요컨대, 한국 정치의 문제는 대부분 정당에서 비롯된다. 또 그 중심에는 국민으로부터 유리된 공천제도가 자리를 잡고 있다. 따라서 정치개혁의 핵심은 정당개혁이고, 정당개혁의 핵심은 공천개혁이다. 모든 국민은 새로운 정치, 새로운 정당, 새로운 공천제도를 열망하고 있다.

한국 정당의 문제점은 무엇인가?

우리나라의 2대 거대정당으로 새누리당, 민주당이 있고, 그 밖에 진보성향의 소수당이 몇 개 있다.

정당 문제는 첫째, 정당 내부의 조직·운영에 관한 문제, 둘째, 정당 간의 경쟁체제인 정당 체제의 문제로 나누어 볼 수 있다.

우선 우리나라 정당 내부의 조직·운영상의 문제는 한마디로 하향식 조직 및 하향식 의사결정 방식에 있다. 중앙조직은 대선후

보 중심으로 조직되고 운영되며, 기초(지역)조직은 과거에는 지구
당위원장, 지금은 당협위원장 중심으로 조직·운영되고 있다. 당원
이나 국민(유권자)이 밑에서부터 자발적으로 조직하고, 당원이나
국민(유권자)이 상향적으로 공직 후보 등을 결정해야 할 터인데,
현실에선 그리하지 아니하고 대선 후보나 당협위원장 등의 권력
자들이 조직하고 공직 후보 등을 결정한다.

공당인 정당이 중앙차원에서나 기초차원에서나 모두 권력자
의 사조직처럼 되어버렸다. 당원이나 국민(유권자)은 주변으로 밀
려나서 동원의 객체로서 선거철에 이용만 당하는 신세다. 그러다
보니, 당원 중에는 당비를 내는 진성당원은 극소수이고, 선거철에
품삯 받고 동원되는 품삯 당원이 대부분이다. 정당이 사조직처럼
운영되고 과두화되었다.

이러한 기형적 현상의 바탕에는 우리나라 정당이 정책에 득
표 기반을 두지 않고 지역에 지지기반을 두고 있는 현실이 깔려
있다. 주지하다시피, 영남사람들은 무조건 새누리당을 찍고, 호남
사람들은 무조건 민주당을 찍는다. 지역주의에 기반을 둔 맹목적
투표이다. 이러다 보니, 정당이 일반당원이나 국민으로부터 유리
된 채 몇몇 권력자들에 의하여 사조직처럼 운영되어도 표를 얻어
서 국회의원으로 당선되고, 대통령으로도 당선된다. 지역감정에
눈먼 표들이 있기 때문이고, 새누리당이나 민주당은 이를 이용하

여 권력을 탐닉한다. 한마디로 이는 국민에 의한, 국민을 위한 민주정치가 아니다. 몇몇 권력자에 의한 몇몇 권력자를 위한 과두정치인 것이다.

다음으로 정당 체제의 문제를 보자. 우리나라는 새누리당과 민주당이라는 2대 거대정당과 몇 개의 진보정당이 있다. 이념적으로 보면 새누리당은 보수정당이고, 민주당은 개혁적 자유주의 정당이다. 몇 개의 진보정당은 크게 보면 사민주의 정당인데, 분단체제 등의 영향으로 소수당에 머물고 있어 집권 대안세력이 되지 못하고 있다. 즉 사회적 약자를 대변하는 정당의 세력이 미약한 상황이다.

따라서, 대부분 정치학자는 우리나라의 정당 체제가 보수정당, 중도정당, 진보정당 3당 체제로 재편되기를 희망(주장)한다. 이를 위해서는 선거제도의 개편(단순다수대표제도의 비례대표제로의 전환)도 필요하지만, 근본적으로 각 정당이 어디에 지지기반을 둘 것이냐, 즉 어디에서 득표할 것이냐의 문제이다. 어떤 층(집단)으로부터 비교적 고정적인 지지(표)를 얻어서 균형적인 3당 정립 체제를 형성할 것이냐, 과연 이것이 가능할 것이냐의 문제이다. 개인적인 생각으론 새누리당은 보수정당으로서 기업과 기득권층에 득표 기반을 두고, 안철수 지지 세력과 민주당 내 우파가 통합하여

중도정당을 형성한 다음 중산층에 지지기반을 두며, 민주당 내 좌파와 기존 진보정당이 통합하여 새 진보정당을 결성한 다음 서민층을 지지기반으로 하는, 3당 정립 체제로 나가야 하리라 본다.

정당개혁의 2대 모델

국민, 정치인, 정치학자들은 우리나라 정당이 깊은 병에 걸려 있어 대수술(개혁)이 필요하다는데에 동의한다. 사실 미흡하기 짝이 없지만, 2002년부터 대통령 후보 선출을 위한 국민참여경선제 도입 등 정당개혁이 추진되어 왔다. 이 과정에서 정당개혁을 위한 2대 담론이 형성되었는데, 첫째가 원내 정당화론(국민정당론)이고, 둘째가 대중정당 건설론이다.

서구의 정당 발전사를 보면 정당조직 형태는 다음과 같이 변화되었다.

간부정부 → 대중정당 → 포괄정당(국민정당) → 카르텔 정당

대중정당은 19세기에서 20세기 초반까지 유럽의 진보정당(사민주의 정당)이 취한 조직 형태이다. 강한 이념, 당원 중심의 조직 및 의사결정, 당론에 의한 의회표결, 강한 정당 규율이 그 특징이다. 포괄정당은 20세기 후반, 특히 미국정당의 조직 형태이다. 이념의 약화, 일반유권자(지지자=당원+후원자+자원봉사자. 당원이 아니더라도 그 당을 지지하거나 선거 때 그 당에 투표하는 지지자) 중심의 조직 및 의사결정, 원내 정당 및 개별 의원의 자율성 강화, 원외 정당의 약화(감량화), 약한 정당 규율이 그 특징이다. 이는 20세기 후반 탈 물질주의 가치관의 대두, 대통령제 정부형태에의 적합성, 기존 정당의 보스에 의한 정당 운영의 과두화 및 부패에 관한 국민의 강한 개혁 요구 등이 그 배경이다.

정당 운영에서 핵심이 되는 공직 후보 선출에 대하여 원내 정당화론(국민정당론)과 대중정당 건설론은 상반된 견해를 보인다. 즉 양자 모두 종전의 보스에 의한 하향식 공천에 관해선 반대하고 상향식 공천을 주장하되, 전자는 상향식 공천방식으로서 국민경

선을, 후자는 당원 경선을 주장한다.

종합하면, 위 두 가지 정당개혁 모델을 이념형으로 볼 때, 현실에선 두 가지 모델이 혼합될 수밖에 없고 중요한 것은 그 비율이다. 한국의 정치풍토에서는 원내 정당화론(국민정당론)을 중심으로 하여 공직 후보 선출은 국민경선 방식으로 하되, 대중정당 건설론의 취지를 살려서 진성 당원 수를 늘리는 여러 방법을 강구하는 것이 정당개혁의 바른길이라고 본다.

정당 지지기반의 변화
– 지역에서 정책으로

이제부터 정당개혁을 분야별로 구체적 살펴보자. 우선 우리 나라 정당은 원초적 지역감정을 기반으로 하는 지역정당이다. 이를 국민의 삶 향상을 위한 정책을 중심으로 득표하는 정책정당으로 전환해야 한다. 모든 국민과 정치인, 정치학자가 이구동성으로 주장한다. 그러나 우리나라의 뿌리 깊은 지역주의 정치 전통, 그리고 정당 간의 정책 차별성이 줄고 있는 추세 등을 보면, 정책정당화는 쉽지 않은 과제이다. 장기적으로 꾸준히 노력해야 할 과제

이다. 권역별 정당명부 비례대표제 등 선거제도의 개선을 연구할
필요가 있다.

정당조직의 개혁
– 하향식에서 상향식으로(카페식 정당조직)

우리나라 정당 역사를 보면, 새누리당이나 민주당이나 모두 과거 유력 대통령선거 후보(박정희, 전두환 등)가 대통령선거를 치르기 위하여 하향식으로 조직한 정당이다. 당원들은 대부분 선거 때에만 품삯 받고 투표에 동원되는 품삯 당원이었다. 한마디로 우리나라 정당의 주인은 당원도 아니었고, 국민도 아니었으며, 대선 후보였다. 그러다 보니 기초(지역)조직도 과거에는 지구당위원장, 지금은 당협위원장의 사조직처럼 운영되어왔다. 역시 지역당원과 지역주민은 그 주인이 아니었다. 이제 과제는 당원과 국민이 명실상부한 주인이 되는 정당을 만드는 것이다. 유권자들이 저절로 모여드는 정당을 만들어야 한다.

그러려면, 정당이 국민으로부터 불신과 경멸 대상에서 사랑과 친근함을 받는 존재로 환골탈태 되어야 한다. 이를 위해선, 정당이 일반 국민의 일상적인 삶의 애로에 관심을 갖고 이를 해결해주는 기능을 실질적으로 수행해야 하고, 또한 일반 국민이 마치 영화관이나 백화점을 찾아가듯이 거리낌 없이 찾아가고 싶은 카페 같은 조직이 되어야 한다(카페식 정당조직. 『안철수 현상과 제3정당론』의 저자). 가볍게 차 한잔 마시면서 생활 애로에 관해서 담소(대화)하고 그해결책을 토론하며, 그곳에 비치된 책도 읽고 문화프로그램도 향수할 수 있는 조직이 되어야 한다. 소수의 정치꾼만이 출입하는 곳에서 지역주민들이 부담 없이 찾아가는 장소로 탈바꿈되어야 한다. 일반 국민이 정당을 찾아가서 지지자가 되고, 나아가서 당원이나 후원자, 자원봉사자가 될 수 있는 환경을 만들어가야 한다.

정당공천의 개혁
– 하향식에서 국민경선의 상향식으로

공직 후보의 정당 공천에 관해선 그동안 수많은 개혁주장이 있었다. 그 내용도 당원만의 경선이냐 아니면 국민경선이냐의 다툼이 있으나, 국민경선이 대세로 보인다.

2008년 중앙선거관리위원회 공천개혁안은 여·야 동시 완전 국민경선제를 골조로 하였고, 여·야도 비슷한 내용의 개혁방안을 제시한 일이 있다. 여·야 정치인은 단기적인 정치적 이해타산을 떠나서, 또 기득권 포기를 요구하여 온 국민의 불같은 요청에 부응하여 하루속히 이를 입법화해야 한다.

국민 경선제 정당화의 인과 구도(박수형 고대 교수)

문제정의	**보스 중심의 정당정치(정당 과두제)** ○ 민주화 이후 한국 정치는 정당 보스(3김)를 중심으로 작동한다. ○ 정당 보스는 자의적인 공천권 행사와 음성적인 정치자금 공급으로 의원·후보·당원들의 충성과 참여를 유도하며 당 조직 운영과 정책 결정에 일방적인 영향력을 행사한다.

개혁목표	**정당 민주화** ○ 정당이 보스의 정치적 이해관계에 따라 운영되는 형태를 막고, ○ 당원과 유권자의 요구와 참여를 바탕으로 민주적으로 운영되게 해야 한다.

제도적 원인과 대안	**정당 후보 선출제도 : 폐쇄형 → 개방형** ○ 보스의 막강한 영향력은 폐쇄적이고 자의적인 후보 선출 방식에 기반하고 있기 때문에 ○ 보스의 영향력 아래 있는 대의원뿐만 아니라 당원과 일반 시민도 자유롭게 정당 후보 선출과정에 참여할 수 있는 개방형 후보 선출 제도(국민 경선제) 도입이 바람직하다.

기대효과	**정당정치 발전** ○ 정당은 당원과 일반 시민의 참여로 조직적 활력과 신뢰를 얻을 수 있다. ○ 이런 활력과 신뢰는 정당의 선거 경쟁력도 강화해 줄 것이다.

위에서 본 바와 같이 공직 후보 선출권을 당내 계파의 보스로부터 당원 및 일반 국민에게 돌려주어야 한다는 명제 (즉 보스에 의한 하향식 공천에서 경선에 의한 상향식 공천으로)에 관해선 누구도 반대하지 않고 있다. 다만 이를 실현하는 데 여러 가지 장애 요소가 있는 것이 문제이다.

첫째 장애 요소: 당내 계파 보스는 자기 계파사람이나 공천헌금을 낸 사람을 공천시키고자 온갖 술수를 사용하려고 한다. 예컨대, 공천심사위원회는 계파 대리인 간의 전쟁터가 되어서 상대 계파나 무계파의 유력한 경쟁자를 컷오프의 미명 하에 경선 후보군에서 탈락시키고, 허울뿐인 명목의 할당제를 악용하며 전략 공천제를 악용한다. 또 불공정한 경선 룰을 만들고, 자기 쪽 당원을 급조·동원하며, 경선 결과를 근거 없이 부인하기까지 한다. 즉 온갖 술수와 사기술이 만연하고 있다.

둘째 장애 요소: 지역 당협위원장(종전의 지구당위원장)은 지역당 조직을 사조직화하여 수족처럼 부린다.

셋째 장애 요소: 당원 중 진성당원(당비 납부 당원)의 수가 극히 적고, 대부분 당원은 품삯 받고 동원되는 품삯 당원이다.

넷째 장애 요소: 일반 국민은 기성정치에 대하여 극히 무관심하고 비 참여적이다.

위와 같은 장애 요소를 고려한, 국민경선에 의한 상향식 공천을 위한 제도디자인은 다음과 같다(명지대 정진민 교수 논문 참조).

첫째, 공정한 경선 선거인단의 구성이다. 이에는 두 가지 방식이 있다. 즉 완전 국민경선과 제한 국민경선이다. 후자의 경우에는 당원(진성당원+일반당원)+일반국민(추첨 및 투표+여론조사)으로 경선이 이루어지고, 전자의 경우에는 선거구 내의 모든 일반 국민(유권자)에게 경선 투표 참여가 열려있다. 2008년도 중앙선거관리위 안처럼 모든 선거구 내 유권자로써 경선선거인명부를 작성하고, 등재된 모든 유권자에게 경선 투표권을 주는 것이 동원에 의한 민의 조작 방지를 위하여 바람직하다.

둘째, 투표율 제고 방안이다. 경선투표율은 대단히 저조하다. 따라서 그 투표율을 높이기 위하여 현장 투표뿐만 아니라 인터넷이나 휴대폰 등에 의한 모바일 투표도 가능하도록 해야 한다. 후자의 경우 대리투표 등 문제해결의 과제가 있으나, 선거관리위원회의 관어하에 정보·신기술을 활용하면 기술적으로 해결이 가능하다고 본다.

셋째, 당협위원장에 의한 기초조직 장악과 이에 의한 조직 동원이 이루어지지 않도록 당협위원장이 국회의원선거 등에 출마하려면 그 6개월 전에 사퇴하도록 한다. 근본적으로 기초조직 차원에서 사조직화 방지를 위하여 당협위원장제를 폐지하고, 복수의 운영위원으로 구성된 운영위원회제를 채택하도록 한다. 이것으로 써도 완전히 사조직화를 막을 수 없지만, 지금으로선 최선의 대안이다. 운영위원은 각종 선거에 출마하지 않고 기초조직의 운영에만 관여한다. 운영위원은 정치꾼이 아니라 성실하고 능력 있는 당원 중에서 선출되도록 한다.

넷째, 역선택 방지의 문제이다. 예컨대, A당 당원이 B당 후보 중 유력한 인사를 탈락시키기 위하여 B당 후보 경선의 투표에 참여하는 것을 방지하는 문제이다. 이를 위하여 여·야 모든 정당이 같은 날 경선을 하도록 한다.

다섯째, 전략공천 악용의 방지를 위해서 전략공천 비율을 20% 이내로 한정한다.

여섯째, 사실상 공천심사위원회에 의한 하향식 공천이 이루어지고 있는 현실을 감안하여서, 공천심사위원회를 공천관리위원회로 개편하고 그 권한과 기능을 크게 제약한다. 특히 예비후보의 컷오프가 남용되지 않도록 계량화된 객관적인 평가지표를 활용하여 경선 참가 후보군을 결정토록 한다.

일곱째, 이 모든 것을 공직선거법에 법제화한다. 이미 정당은 국고보조금을 받는 등 준국가기관처럼 되어 있고, 당내 과두화 및 부패가 크게 도를 넘어선 상황에선 정당 자율성의 미명하에 비민주적 공천을 방치할 수 없다. 그리고, 이에 위반한 공천에 관해선 법원이 사법심사를 통하여 무효로 할 수 있도록 역시 법 규정을 신설한다.

여덟째, 큰 골격은 2008년에 나온 중앙선거관리위원회 공천 개혁안을 기초로 하되 약간의 보정을 하는 방향으로 나아가자는 입장이다.

아홉째, 비례대표 후보 선출도 지금처럼 계파가 나눠먹기 혹은 금품수수에 의한 매관매직이 아니라, 당원과 일반 국민이 결정하도록 철저히 개혁되어야 한다. 이를 위해서 당내·외 인사로 구성된 관리위원회를 별도로 설치하고, 당원과 일반 국민의 의사가 반영될 수 있는 절차를 마련한다.

열째, 기초자치단체장과 기초의원 후보에 관해선 정당 공천제를 폐지한다.

제발 이번만은 공천개혁=정당개혁=정치개혁을 반드시 이루어서 정치에 관한 국민의 신뢰를 회복해야 한다. 이로써 꾼들에 의한 정치가 아니라 보통 사람, 착하고 양식 있는 평범한 국민도 징치를 할 수 있는 토대를 만들어야 한다. 더 이상 기득권을 지키려는 얕은 이해타산으로 공천개혁을 무산시켜선 안 된다. 그러다 보면, 한국 정치도 일본의 무기력한 5류 정치로 추락하여 통일도, 민생도, 선진국 실현도 백일몽으로 끝날 것이다. 공천개혁을 반드시 성취하여 국민주권을 회복해야 한다.

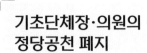

기초단체장·의원의
정당공천 폐지

지금 뜨거운 이슈가 되어 있다. 지난 대통령선거 때 박근혜 새누리당 후보(전 대통령), 문재인 민주당 후보(전 대통령), 안철수 후보 등이 정식 공약으로 국민에게 약속한 것이다.

지금 민주당과 안철수 후보 측은 위 약속의 실천을 주장하는 반면, 새누리당은 자당 후보의 대선공약을 파기하고 있다. 위헌 가능성, 토호 진출 등의 문제 내지 부작용이 우려된다는 것이다. 국민은 이런 새누리당에 묻고자 한다. 지난 2012년 대통령 선거 당시에는 그런 문제점(있다고 한다면)이 있는 줄 몰랐다는 말이냐? 기초차원의 일상생활 상 쟁점에 무슨 정당개입이 필요하다는 말인가? 결국 기초선거에 관한 정당 공천제 유지는 국회의원이나 당협위원장이 공천헌금을 챙기고, 기초단체장·의원을 지역구 관리자로서 장악하여, 활용하기 위한 속셈 이외엔 무엇이란 말인가? 새누리당은 더 이상 꼼수나 잔머리를 굴리지 말고 자당 대선후보의 공약을 실천해야 한다. 결국 정당공천제에 있어서, 기초단체장·의원의 경우는 정당 공천을 폐지하고, 그 밖에 국회의원선거, 대통령선거, 광역단체장·의원 선거의 후보는 국민경선으로 선출해야 한다. 이것이 핵심 중의 핵심이고 반드시 실현(입법화)되기야 한다.

제왕적 대통령에의 권력 집중 견제, 정쟁 방지, 공직자의 임기·연임 횟수 규정

대통령의 권력 집중에 관한 견제, 국회 내 정쟁 방지: 제왕적 대통령에의 권력 집중에 관한 우려와 강력한 리더십의 요구라는 모순된 2가지 요청이 공존한다. 따라서, 대통령제를 유지하더라도 그 강력한 권력 행사를 견제하는 제도와 관행이 필요하다. 이를 위해선 국회 원내교섭단체 및 개별 국회의원의 자율성이 보장되어야 한다.

구체적으로 살펴보면, 여당(집권당, 새누리당)의 경우 대통령

(청와대)의 종속기관적 처신에서 벗어나서 독립된 자세를 가져야 하고, 야당(민주당 등)의 경우에는 원내교섭단체와 개별의원이 원외의 극렬한 이념당원(강경한 정당 활동가)의 간섭과 압력에서 벗어나 국민의 입장에서 이성적으로 토론과 표결에 임해야 한다. 특히 국회에서 여·야를 떠나서 대통령의 인사권 행사에 대하여 비판과 감시를 게을리해선 안 된다. 대통령은 여·야를 불문하고 소통의 자세로서 국회의원을 설득하여 자신의 정책 아젠다를 입법화하도록 노력해야 한다. 이것이 대통령의 독재 및 국회 내의 여·야 정쟁을 방지하는 첩경이다.

선출직 공직자의 임기와 연임 횟수 제한: 대통령은 4년 임기의 중임제로 개헌함이 좋다고 본다, 그리고 그 밖의 모든 선출직 공직자(국회의원, 지방자치단체장·의원)는 4년 임기로 하되 2번만 연임할 수 있도록 제한해야 한다. 왜냐하면, 선출직 등 모든 공직자는 국민의 공복으로서 그 자체가 특권 계급화되어서는 안 되고, 다른 여러 국민에게도 공직 진출의 기회를 주어야 하기 때문이다. 이와 함께 비선출의 관료(임명직 관료)에 관한 선출직 정치인의 통제를 강화하기 위하여 정무 담당 차관직의 설치를 검토할만하다.

공직자의 특권계급화 방지: 국가경영에 필요한 인재를 양성하는 시스템을 갖추되, 그러한 인재들(선출직이든 임명직이든)이 특권 계급화되어 국민 위에 군림하는 일은 절대 없도록 해야 한다. 이를 위하여 국회의원 등의 각종 특권 등은 포기토록 입법해야 한다. 국민의 종이라는 공직자들이 최저임금보다 더 많은 월급과 처우를 받는다는 것은 주객이 전도된 것이다.

정치 관계법에 관한 입법은 국민투표로

정치개혁에 대하여 논의가 추진된 지가 30여 년이나 된다. 그런데도, 아직 지지부진하고, 국민의 불만·불신도 폭발 직전이다. 왜 그럴끼?

정치 관계법(정당법, 정치자금법, 공직선거법, 국회법 등)의 개정 등 입법에 관한 권한이 국회에 있기 때문이다. 여·야를 불문하고 기존 정당이 기득권을 움켜쥐고 정치개혁에 소극적으로 나오기 때문에 개혁이 되지 않는다. 해결책은 단 하나 :

정당법, 선거법, 국회법 등 정치 관련 법에 관한 입법을 국회가 아니라 국민이 직접 결정하도록 해야 한다. 따라서, 헌법에 특별조항을 신설하여 정치 관계법의 개정 등 입법은 중앙선거관리위원회가 초안을 만들어 대통령에게 보내면, 대통령은 의무적으로 일정 기간 내에 국민투표에 부쳐서 결정토록 해야 한다. 소송에서도 판사는 자신이 당사자인 사건을 재판할 수 없다. 같은 이치로 국회(의원)가 자신들이 이해당사자인 정치 관계법을 결정하는 것은 공정성에도 반한다. 정치의 룰을 정하는 정치 관계법을 주권자인 국민이 결정하도록 해야 한다. 더 이상 정치인들에게 맡겨서는 되는 일이 없음은 역사가 증명한다.

선거제도의 개선
– 비례성 제고와 결선투표제

우리나라는 다수 대표의 소선거구제를 채택하고 있다. 따라서 영·호남 지역에 득표 기반을 둔 새누리당과 민주당 이외에 제3정당을 지지한 유권자들의 표는 사표가 되어 버린다. 따라서, 각 정당이 득표수에 상응하는 의석 수를 확보하도록 독일식 정당명부식 비례대표제 도입이 검토되어야 한다. 그런데, 이때 정당 민주화가 선결적으로 이루어져야 함을 잊어서는 안 된다. 비례대표 정당명부가 소수 권력자의 손으로 작성되면, 이를 하지 않는 것보다 못하기 때문이다.

각종 선거, 특히 대통령선거에서 결선투표제를 도입해야 한다. 적어도 총투표자의 과반수 득표자가 당선되어야 한다. 그래야 당선자의 국민 대표성에 문제가 없게 된다. 지금처럼 소수 득표자가 당선되는 제도 밑에선 정통성에 관한 문제가 항상 잠재되어 정치 불안의 원인이 된다.

지방자치를
어떻게 혁신할 것인가?

지방자치가 성공하려면 다음 3가지 요건을 갖춰야 한다.

첫째, 권한의 지방에의 이양

둘째, 재원의 지방에의 재배분

셋째, 유능한 지방공무원 확보

지방자치는 다음과 같은 방향으로 혁신해야 한다.

첫째, 민·관 파트너십의 강화

둘째, 행정의 서비스화

셋째, 저비용 고효율의 행정구조

넷째, 부패 일소

다섯째, 지역경제의 활성화

사실상 통치의 객체로 취급받고 있는 주민들이 거주지역에서 직접 생활 정치를 이끌어 삶의 질을 향상하도록 지방자치를 전면 혁신하여야 한다.

젊은 법조인들에게 조언하고 싶다. 매년 로스쿨 출신 변호사만 1,500명 이상이 사회에 나오고 있다. 취업난이 가중되고 있는 상황에서, 지방 의원이나 지방자치단체장 선거에 도전해 보기를 권유한다. 본인이나 지역주민 나아가 국가에도 봉사하는 길이 될 것이다.

마무리하며
– 정당공천을 개혁하여 국민주권을 회복하자

한국 정치는 국민의 지탄을 받은 지 오래다. 더 이상 정치개혁이 지체되어선 안 된다. 개혁이 안 되면 혁명이 일어나게 됨은 역사의 교훈이다. 여·야 정치인들, 그리고 언론, 학계, 시민단체, 일반 국민 모두 이번에 정치개혁=정당개혁=공천개혁을 반드시 완수해야 한다. 주권자인 국민은 낡은 정치의 종말, 새 정치의 출발을 대망한다. 그래야 민생도, 경제성장도, 통일도 이루어질 것이다. 소수 기득권층이 독점하고 있는 낡은 정치를 폭격하자! 모든 국민이 주인이 되는 새 정치의 깃발을 세우자! 국민주권 회복 운동의 기치를 들자.

1_87년 체제의 한계

한국이 앓고 있는 이러한 중병의 원인은 무엇일까. 여러 가지가 있겠지만, 나는 정치의 낙후성이 가장 큰 원인이라고 생각한다. 정치가 정치인이나 파당의 정략적 이익이 아니라, 국민의 행복과 국익을 위하여 제대로 작동하지 못하고 있다. 혹자는 이러한 것이 정치인의 자질이 떨어지기 때문이라고 말하기도 하나, 나는 그보다 먼저 우리의 정치제도가 시대에 뒤떨어져 있기 때문이라고 본다. 왜냐하면, 정치인의 활동, 즉 정치는 정치제도의 틀 안에서 이루어지고 규정되기 때문이다. 한국의 헌정 체제는 1987년 민주화 이후 마련된 헌법(1987년 헌법)과 그에 기초한 정치제도로 구성되어 있다. 이러한 1987년의 헌정 체제는 소위 승자독식의 다수제 민주주의 유형으로서 정치의 양극화, 사회분열, 싸움판 정치 등의 악순환을 거듭하고 있어, 사회 각 분야의 발전에 큰 장애물이 되고 있다. 이제 1987년 헌정 체제를 한 단계 성장·성숙시켜서 대화·타협·합의의 합의제 민주주의로 발전시킬 때가 되었다.

_006쪽

2_소선거구 단순다수대표제의 문제

1인 선출 선거구(소선거구)에 기초한 단순다수대표제의 장점은 유권자가 투표하기 쉽고 선거 관리가 단순하지만, 단점도 있습니다. 예를 들어보겠습니다.

유권자가 100명인 선거구에서 1명만을 당선자로 뽑는다고 봅시다. 갑이 35표, 을이 34표, 병이 20표, 정이 11표를 얻었습니다. 이때 갑이 35표로 최다 득표자가 되었으므로 당선이 됩니다. 그러면 을은 34표로 불과 1표가 적지만 낙선됩니다. 임기가 4년이라면 2년짜리 국회의원을 시켜주는 것도 아닙니다. 완전히 1등, 즉 승자독식의 선거제도이지요. 그리고, 갑이 득표한 35표를 제외한 65표(100표-35표)는 모두 죽은 표, 즉 사표가 되지요. 대량의 사표가 발생합니다. 65명의 유권자는 자신을 대표하는 당선자를 배출하지 못하고 대표 사각지대에 처하게 됩니다.

이런 결점이 있기 때문에, 요즘 한국에서 이러한 선거제도를 개선하여서 비례성과 대표성을 강화하자는 여론이 끓고 있지요.

_042~043쪽

3_정당명부식 비례대표제

정당명부식 비례대표제는 일반적으로 다인 선거구에서 정당명부식 입후보방식을 취하고 있습니다. 1명을 뽑는 선거구에서 직접 의원을 뽑는 것이 아니고, 여러 명의 의원을 뽑는 선거구에서 정당이 제시한 후보 명부를 통해 간접적으로 선출하는 것입니다. 영국과 프랑스 등을 제외한 대부분의 서유럽과 남미, 아프리카, 동유럽 등에서 광범위하게 채택하고 있는 선거제도입니다.

_058쪽

4_연동형 비례대표제

우선 연동형 비례대표제의 당선자 결정 방식에 대하여 말씀드립니다. 이것이 기본적인 내용이므로 숙지할 필요가 있습니다. 우선 먼저 1단계로 유권자의 정당투표를 통하여 각 정당이 득표한 득표율에 비례하여 각 정당에 배분되는 의석 수를 계산합니다.

다음 단계로 위처럼 각 정당에 배분된 의석 수를 먼저 지역구 당선자로 채우고, 나머지 의석은 비례대표 의석, 즉 정당 명부의 후보로 채웁니다. 위와 같은 시스템이므로 연동형 비례대표제는 기본적으로 정당의 득표율과 의석 수 간에 아주 높은 비례성이 유지될 수 있다는 장점이 있습니다. 또 위처럼 지역구(소선거구 다수대표제)와 연동되므로 각 지역구 의원과 유권자의 관계가 밀접하게 되는 것입니다.

위처럼 각 정당은 정당투표의 득표율로 의석 수를 배분받되, 유권자는 선거 때 정당투표 이외에 지역구(소선거구) 의원 투표를 하고, 정당은 배분받은 의석 수를 채울 때 먼저 지역구 당선자로 채운다는 의미에서 지역구(소선거구)와 연동되어 있다 해서 연동형이란 말을 사용합니다.

_067~068쪽

5_ 소선거구제 문제와 허울뿐인 비례대표제

1987년 6월 민주화 항쟁 이후엔 대부분 국회의원을 1인 선출의 소선거구에서 뽑고, 여기에 양념으로 약간의 비례대표 의석을 병립형으로 추가시켰는데, 그러다 보니, 그 실질은 소선거구에 기초한 단순다수대표제였습니다. 그러다가 문재인 정부 시절에 이러한 선거제도를 소위 준연동형 비례대표제도로 변경하였는데, 총의원 300명 중 지역구 의원이 253명이나 차지하고, 비례대표 의원은 구색 갖추기로 47명에 불과합니다. 거기에다가 준연동형이기 때문에 각 정당의 전국 득표율에 따른 의석 수 배정 비율을 $\frac{1}{2}$로 줄였기 때문에, 이름만 (준)연동형 비례대표제이지, 사실은 그 실질이 소선거구 단순다수대표제에 불과합니다. 이처럼 본질적으로 승자독식의 소선거구 단순다수대표제를 지속해서 채택하다 보니, 거대 양당인 더불어민주당과 국민의힘이 절대적으로 다수의 의석을 점유하는 양당제가 되었습니다. 두 거대 양당은 허구한 날 권력 싸움에 시간을 낭비하고, 국정의 효율성은 바닥으로 떨어졌습니다. 거기다가 더불어민주당은 과반을 훨씬 넘는 의석을 취득하여 대화·타협은 아예 생각하지도 않고 일방적, 독선적 입법을 강행하고 있지요. 또 준연동형 선거제도의 설계상 오류로 소위 비례대표용 위성정당이라는 괴물까지 등장하였습니다. 참으로 부끄러운 선거제도이지요.

_085~086쪽

6_정당의 공천

결국 정당정치가 정착된 나라에서 유권자는 대부분 지역구 투표에서 정당이 공천한 후보 중에서 자신이 지지하는 후보를 찍고, 정당투표에선 자신이 지지하는 정당을 찍습니다. 사실상 유권자는 정당이 공천한 지역구 후보 중 한 사람 혹은 지지하는 정당의 명부에 기재된 비례대표 후보를 찍게 됨으로써 정당의 후보 공천은 유권자의 선택 범위를 제한하게 되고, 정당 공천은 예비 선거의 성격을 갖게 됩니다. 요컨대, 정당의 공천을 받지 못한 후보는 당선 가능성이 매우 적습니다. 따라서, 정당의 후보 공천이 민주적 절차에 의하여 상향식으로 이루어지느냐, 아니면 그렇지 않고 소수의 정당 내 실력자가 밀실에서 하향식으로 결정하느냐는 대의 민주주의에서 대단히 중요할 수밖에 없습니다.

_093쪽

7_공천 절차의 문제와 개선 방향

첫째, 지금 한국은 정당의 공천 절차에 대하여 정당의 당헌·당규에서 규정하고 있습니다. 그러다 보니, 당 대표나 그 계파가 자기 쪽 사람을 공천하기 위하여 선거 때마다 당헌·당규를 변경합니다. 국가가 이러한 것을 허용해서는 안 됩니다. 독일이나 미국처럼 공천이 민주적으로 이루어지도록 그 절차를 법률로써 구체적으로 규정해야 합니다. 즉 민주적 공천제도의 법제화가 필요합니다.

둘째, 구체적인 공천 절차의 개선에 관해서 말씀드리면, 우선 공천관리위원회가 독립적으로 기능하도록 그 구성원이 결정되어야 하고, 또 그 권한도 후보가 되겠다는 사람이 법률적으로 결격사유가 있는지만 검토하는 등 제한해야 합니다. 지금처럼 당 대표나 그 계파의 조종을 받는 공천관리위원회가 여러 가지 꼼수로 사실상 공천을 결정하게 해서는 안 됩니다.

그리고, 반드시 후보 간 경선을 하여 당원이나 국민이 후보를 선출하도록 해야 합니다, 다만, 당원 경선이냐, 국민경선이냐, 혼합경선이냐의 그 구체적인 경선방식은 각 정당이 자율적으로 결정하도록 해도 좋습니다.

_104~105쪽

8_정당체계

현대국가의 민주주의는 직접 민주주의가 아니라 간접민주주의, 즉 대의 민주주의입니다. 국민이 주기적 선거를 통하여 대표자를 뽑아 정부를 구성하면, 대표자들로 구성된 정부가 정책을 결정하고 집행하는 등 국정을 운영합니다. 그런데, 이 과정에서 즉 선거와 정부의 국정운영 과정에서 정당이 핵심 역할을 하지요. 따라서, 현대국가의 민주주의는 정당 중심의 대의 민주주의이지요. 정당을 빼놓고는 대의 민주주의를 생각할 수 없고, 그러다 보니 정당 내부의 문제, 그 조직과 공천 절차 등 의사결정 방식이 중요할 뿐만 아니라, 정당과 정당 간의 관계 즉 몇 개의 정당이 이념적·역학적·양태적으로 어떻게 경쟁하느냐의 정당체계가 아주 핵심적인 중요성을 갖게 됩니다.

_113~114쪽

9_양당제의 문제

양당제하에서는 기본적으로 두 개의 거대한 정당이 극단적으로 경쟁하는 양극화의 정치권을 갖기 때문에, 대화·타협·합의의 정치는 실종되고, 집권여당인 한쪽은 일방적으로 독주하고 제1야당인 다른 한쪽은 상대방의 발목잡기를 지속하여서 극한 대결의 진흙탕 싸움을 계속합니다. 이것이 요즘 한국 정치의 모습이지요. 그러다 보니, 국민은 두 쪽으로 분열하고, 정당정치는 난맥상에 빠져 안정적이고 효율적인 국정운영은 불가능하게 됩니다. 이제 한국은 이러한 정치적 양극화를 고착시키는 양당제를 벗어나서 독일과 같은 온건 다당제로 이행되어야 선진적인 정치가 가능합니다.

_124쪽

10_의원내각제

의원내각제에선 국민이 선거를 통해 의회를 구성하며, 의회가 총리를 선출하고 내각을 구성케 합니다. 의회가 총리·내각 등 행정부를 구성하고, 또 불신임할 수 있습니다. 반대로 총리는 의회를 해산할 수 있는 권한이 있어서 상호 견제합니다. 총리가 머리인 내각은 행정부의 수뇌부이면서 마치 의회의 한 위원회처럼 의회와 밀접하게 공화·협력관계에 있습니다. 행정권은 총리가 머리인 내각이 집단으로 보유합니다.

의원내각제에선, 특히 다당제 국가에선 복수정당 간의 연립내각(연정)이 성립되어서 그 복수정당이 함께 행정권을 행사하는 게 보통인 반면에, 대통령제에선, 특히 양당제 국가에선 대통령 소속의 1개 정당이 행정권을 독점하는 게 보통입니다.

_130쪽, 136~137쪽

11_의원내각제의 장점

의원내각제의 장점은 첫째, 국정운영에 관한 국민의 통제가 의회를 통하여 상시적으로 이루어진다는 것입니다. 의원내각제에선 국민이 선거로 의회를 구성하고, 의회는 총리를 선출하여

내각을 구성케 하지요. 그리고, 의회는 총리(내각)가 국정을 잘
못하면 국민 여론을 반영하여 언제든지 총리(내각)를 불신임하
고, 새 총리(내각)를 뽑을 수 있습니다. 반면 대통령제에선 대통
령의 임기가 법적으로 보장되고, 의회의 대통령 불신임 권한이
인정되지 않으므로, 대통령이 권한을 남용하여 독재하거나 실
정을 하더라도, 다음 대통령선거 때까지 기다렸다가 낙선시키
는 방법밖에 없습니다.

_146쪽

12_제왕적 대통령제

대통령은 군주국가의 군주에 준하는 권력을 행사하지요. 그리
고 행정부 내에는 대통령의 이처럼 막강한 권력 행사를 견제
할 사람이 없습니다. 장관들은 모두 대통령의 참모, 즉 보좌관

들이지요. 대통령이 장관에 관한 임명권과 해임권을 갖고 있으니 장관이 대통령의 권한 남용을 견제하는 것은 사실상 불가능합니다.

또 대통령은 장관 등 행정부 내의 모든 공무원 임명권을 가지고 있고, 비록 의회의 동의를 받아야 할 경우도 있지만 대법원장 등 판사 임명권을 가지고 있습니다. 그뿐 아니라, 검찰, 경찰, 정보기관, 국세청, 감사원 등 권력기관의 인사권을 가지고 있습니다. 한국의 경우 국가 예산을 편성하고, 법률안을 입안하여서 직접 혹은 집권 여당을 통하여 의회에 제출할 수 있고, 또 의회가 통과시킨 법률안을 거부할 수 있는 법률안거부권도 있습니다. 사면권이 있습니다.

국가를 대표하여 외국과 조약을 체결하는 권한, 외교관을 파견하는 권한이 있으며, 국군통수권도 있습니다. 대통령이 행정권의 수반으로서 막강한 권력을 행사할 뿐만 아니라, 국가원수로서 권위도 갖고 있습니다. 권력과 권위를 모두 갖게 되어 군주제의 군주처럼 군림하지요. 더구나 현대국가에서 경제성장, 복지 등 행정수요가 폭증하다 보니 대통령의 권한은 점점 강화·확대되고 있습니다.

_139~140쪽

13_이원정부제

이원정부제는 혼합 정부제(대통령제+의원내각제), 반(半) 대통령제, 분권형 대통령제라고도 합니다.

국민이 직접선거로 대통령을 뽑습니다. 대통령은 형식적·의례적 권한이 아니라 실질적인 권한을 갖고 있어서 이 점에서 대통령제의 대통령과 같습니다. 과반의석의 다수당(연합)의 수장이 의회에서 총리로 선출되어서 내각을 구성합니다. 의회는 총리(내각)에 관한 불신임권이 있고, 총리는 대통령을 통하여 의회를 해산할 수 있습니다. 내각은 행정부의 핵심기구이면서 의회의 한 위원회처럼 의회와 밀접한 관계, 즉 공화·협력의 관계에 있습니다. 이 점에서 의원내각제와 같습니다. 이처럼 이원정부제는 대통령제와 의원내각제가 혼합되어 있는 정부 형태입니다.

_159~161쪽

14_결선투표제

1차 투표에서 과반 득표한 후보가 없을 때, 1위 득표 후보와 2위 득표 후보 간에 2차 투표, 즉 결선투표를 실시하여 여기서 과반 득표한 후보가 대통령에 당선되도록 하자는 게 결선투표제의 골자입니다. 이는 현재 프랑스 대통령선거에서 채택되고 있습니다. 결선투표를 하게 되면, 결선투표에 진출하는 1차 투표의 1위 후보 혹은 2위 후보와 1차 투표에서 3위나 4위 등을 하여 결선투표에 진출하지 못하게 된 후보 간에, 결선투표를 앞두고 다양한 대화·협상을 하여 짝을 짓게 됩니다. 즉 선거 연합을 이루게 됩니다. 선거가 끝난 후 결선투표에서 과반 득표하여 대통령에 당선된 후보(및 그 소속 정당)와 그를 결선투표에서 지지한 후보(및 그 소속 정당)가 공동으로 정부를 구성하여 국정을 운영하게 됩니다.

_181~182쪽

15_정부형태 개선의 방향

한국의 경우 현재 극단적인 분열의 정치, 권력의 남용 및 독선적 행사 등을 보건대, 현재의 대통령제 정부형태는 반드시 지양하고 개선해야 할 시점이라고 봅니다.

정부형태에 관한 개헌의 입장을 정리하면, 첫째, 현재의 대통령제를 유지하자는 입장, 둘째, 현재의 대통령제를 유지하되, 다만 부분적으로 수정·개선하자는 입장, 셋째, 의원내각제, 특히 독일의 안정화된 의원내각제로 바꾸자는 입장, 넷째, 이원정부제(분권형 대통령제)로 바꾸자는 입장이 있지요.

한국 국민은 1960년 4·19 혁명 이후 수립된 제2공화국의 의원내각제 하에서 분열과 혼란을 겪어서 의원내각제에 관한 부정적 인식이 있고, 또 유신독재 시대와 5공 독재 시대를 겪으면서 대통령직선제에 관한 열망이 대단히 큰 상태입니다. 따라서, 제도 자체를 보면, 독일의 안정화된 의원내각제가 가장 바람직하나, 현실적으로 국민이 이를 받아들일 것인지의 문제가 있습니다.

_188~189쪽

16_개헌 절차

우선 헌법 개정에 관해서 보면, 헌법 제129조, 제130조, 제
131조가 개헌 절차에 대하여 규정하고 있습니다. 이에 의하면,
개헌안의 발의는 국회의원 재적 과반수나 대통령이 할 수 있
고, 이처럼 개헌안이 발의되면 국회에서 토의와 의결을 거친
후 국민투표로 확정하도록 규정하고 있습니다. 그런데, 헌법에
는 구체적으로 개헌안이 어떻게 마련되어야 하는지 등에 관한
규정이 없습니다. 이러한 흠결을 메꾸기 위하여 세부적이고 구
체적인 개헌 절차 규정을 담은 법률을 먼저 제정하도록 하자
는 것이지요. 그 법률 내용을 보면, 국회 내에 개헌특별위원회

를 설치하고, 그 밑에 전문가로 구성된 자문기구와 일반 시민으로 구성된 시민위원회를 구성·설치해서 시민위원회가 전문가기구의 자문(보조)을 받으면서 개헌안을 작성하면, 이 개헌안을 국회의 개헌특별위원회와 본회의에서 토론하여 의결하고, 그 후 이 개헌안을 국민투표를 통하여 확정하자는 것입니다.

즉 이 절차는 주권자인 일반 시민이 주체가 되어서 전문가의 도움을 받으며 개헌안을 만들고, 이에 대하여 국회의 의결과 국민투표를 거쳐서 개헌안을 확정하는 민주적인 방법입니다.

_193쪽

17_국민발안제

민주국가에선 일반 국민이 주권자입니다. 한국도 마찬가지입니다. 그런데, 현대 민주국가는 대의 민주주의를 채택하여서 국민의 선거로 뽑힌 의회 의원들이 입법권을 독점하고 있습니다. 선거제도와 공천제도 등을 규정하고 있는 공직선거법, 정당법, 그리고 정치자금법 등 정치 관계법을 제정하고 개정할 수 있는 입법권도 의회가 독점하고 있습니다. 여기서 문제가 생깁니다. 정치 관계법은 정치인들과 직접적인 이해관계가 있는 법률입니다. 그런데, 이러한 법률을 이해관계자인 정치인들, 즉 의원들이 제·개정한다는 것은 이익 충돌의 문제를 생기게 하지요.

따라서, 모든 법률을 국민이 직접 만들도록 입법권 전체를 국민에게 줄 수 없다 하더라도, 최소한 정치 관계법을 만들고 개정할 수 있는 권한만은 일반 국민에게 주어야 합니다. 이러한 제도를 전문적 용어로 국민발안제라고 합니다. 국민발안제를 헌법에 규정해야 한다는 것이 저의 소신입니다.

_195~196쪽

18_대의 민주주의의 한계

왜 현대의 국가는 직접 민주주의가 아니라 대의 민주주의 형태를 취하게 되었는가? 그 문제점은 없는가?

첫째 이유: 근·현대국가는 고대 그리스 도시국가와 비교하지 못할 정도로 영토가 광대하고 인구수가 많아서 국민이 직접 통치하는 것이 물리적으로 불가능하다.

둘째 이유: 근·현대국가의 통치 및 운영은 너무나 복잡하고 전문적인 내용이어서 일반 국민이 생업에 종사하면서 이에 관여하는 것은 사실상 곤란하다.

셋째 이유: 일반 국민은 감정에 치우치고 선동에 쉽게 넘

어가기 때문에 이성적인 국가 운영이 어려우므로, 완충지대 또는 필터로서의 대표자(대리인)를 통한 통치가 바람직하다.

그러나, 지금에 이르러서는 위와 같은 이유가 모두 타당하다고 볼 수 없다. 왜냐하면, 정보통신기술의 발달, 국민의 교육 수준의 향상 등으로 위에서 거론한 것들 중 상당 부분을 해소할 수 있기 때문이다.

핵심적인 문제는 대의 민주주의에서 주인-대리인의 문제가 발생한다는 것이다. 즉 대리인(대표자)들의 도덕적 해이이다. 쉽게 말해서 일반 국민이 주인이고, 공직자(선출직이든 임명직이든)는 모두 국민의 심부름꾼(종)으로서 대리인일 뿐인데, 주인인 국민의 생각을 무시하고 국가 이익이나 공익보다 자기들 이익만을 챙기는 특권적인 기득권층으로 되어 버린다는 것이다. 허울만 민주주의이지, 실질은 과두적인 소수의 통치로

타락해버린다. 그래서 정치, 정치인이 통째로 국민의 불신과
지탄의 대상이 되어 버린 지 오래되었다.

_209~210쪽

19_주권자와 정당

모든 국민은 국가 운영(통치)에 참여할 권리가 있고, 국가 운영
(통치)의 주체다. 그런데, 현실에 있어선 국민의 국정운영이나
참여는 정당이란 매개체를 통하여 이루어진다. 정당은 국민 속
의 집단적 이해관계를 대변하여 정책 아젠다를 만들고, 공직선
거 후보를 공천하는 중대한 기능을 한다. 이처럼 참으로 공적
존재로서의 정당이 중요하다. 그만큼 민주적으로 운영되어야
한다. 그런데도, 정당의 실제 운영은 일반 국민으로부터 멀리
유리되어 있고, 몇몇 권력자들에 의하여 조직이 사유화되고,

의사결정이 비민주적으로 이루어진다.

_212쪽

20_한국 정당 조직의 문제

우리나라 정당 내부의 조직·운영상의 문제는 한마디로 하향식 조직 및 하향식 의사결정 방식에 있다. 중앙조직은 대선후보 중심으로 조직되고 운영되며, 기초(지역)조직은 과거에는 지구당위원장, 지금은 당협위원장 중심으로 조직·운영되고 있다. 당원이나 국민(유권자)이 밑에서부터 자발적으로 조직하고, 당원이나 국민(유권자)이 상향적으로 공직 후보 등을 결정해야 할 터인데, 현실에선 그러하지 아니하고 대선 후보나 당협위원장 등의 권력자들이 조직하고 공직 후보 등을 결정한다.

공당인 정당이 중앙차원에서나 기초차원에서나 모두 권

력자의 사조직처럼 되어버렸다. 당원이나 국민(유권자)은 주변으로 밀려나서 동원의 객체로서 선거철에 이용만 당하는 신세다. 그러다 보니, 당원 중에는 당비를 내는 진성당원은 극소수이고, 선거철에 품삯 받고 동원되는 품삯 당원이 대부분이다. 정당이 사조직처럼 운영되고 과두화되었다.

이러한 기형적 현상의 바탕에는 우리나라 정당이 정책에 득표 기반을 두지 않고 지역에 지지기반을 두고 있는 현실이 깔려 있다. 주지하다시피, 영남사람들은 무조건 새누리당을 찍고, 호남사람들은 무조건 민주당을 찍는다. 지역주의에 기반을 둔 맹목적 투표이다. 이러다 보니, 정당이 일반당원이나 국민으로부터 유리된 채 몇몇 권력자들에 의하여 사조직처럼 운영되어도 표를 얻어서 국회의원으로 당선되고, 대통령으로도 당선된다. 이는 국민에 의한, 국민을 위한 민주정치가 아니다. 몇

몇 권력자에 의한 몇몇 권력자를 위한 과두정치인 것이다.

_215~217쪽

　　루소, 한국 정치를 말하다

KI신서 11045

루소, 한국 정치를 말하다
낡은 정치와의 결별

1판 1쇄 인쇄 2023년 7월 14일
1판 1쇄 발행 2023년 7월 21일

지은이 양재호
펴낸이 김영곤
펴낸곳 (주)북이십일 21세기북스

TF팀 이사 신승철
TF팀 이종배
마케팅1팀 한경화 김신우 강효원
출판영업팀 최명열 김다운 김도연
제작팀 이영민 권경민
진행·디자인 다함미디어 | 함성주 유예지

출판등록 2000년 5월 6일 제406-2003-061호
주소 (10881) 경기도 파주시 회동길 201(문발동)
대표전화 031-955-2100 **팩스** 031-955-2151 **이메일** book21@book21.co.kr

© 양재호, 2023

ISBN 979-11-711-7000-5 03340